图解实操

K线阳线买卖技法手册

郑　葭◎编著

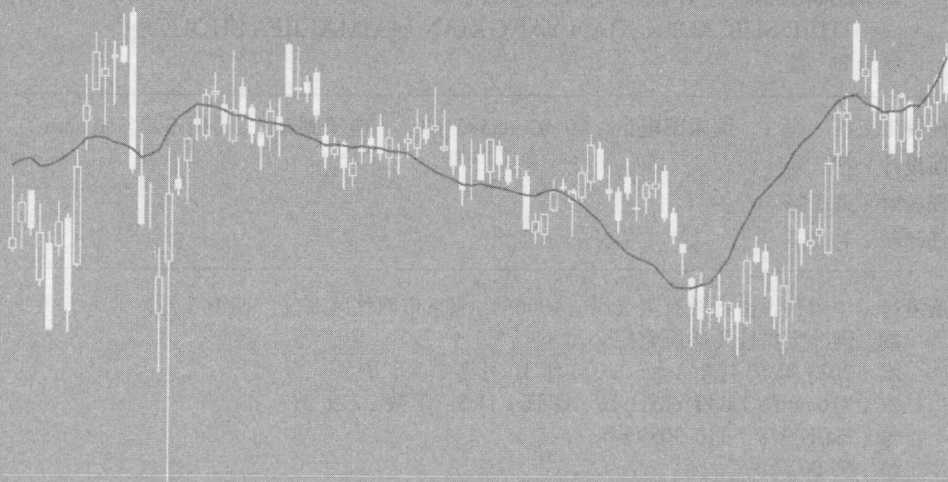

中国铁道出版社有限公司
CHINA RAILWAY PUBLISHING HOUSE CO., LTD.

图书在版编目（CIP）数据

图解实操：K 线阳线买卖技法手册 / 郑葭编著 . —北京：中国铁道
出版社有限公司，2023.10
ISBN 978-7-113-30399-0

Ⅰ . ①图… Ⅱ . ①郑… Ⅲ . ①股票投资 - 手册 Ⅳ . ① F830. 91-62

中国国家版本馆 CIP 数据核字（2023）第 133493 号

书　　名：图解实操——K 线阳线买卖技法手册
　　　　　TUJIE SHICAO: K XIAN YANGXIAN MAIMAI JIFA SHOUCE
作　　者：郑　葭

责任编辑：杨　旭　　编辑部电话：（010）63583183　　电子邮箱：823401342@qq.com
封面设计：宿　萌
责任校对：刘　畅
责任印制：赵星辰

出版发行：中国铁道出版社有限公司（100054，北京市西城区右安门西街 8 号）
印　　刷：河北宝昌佳彩印刷有限公司
版　　次：2023 年 10 月第 1 版　2023 年 10 月第 1 次印刷
开　　本：710 mm×1 000 mm 1/16　印张：11.5　字数：171 千
书　　号：ISBN 978-7-113-30399-0
定　　价：69.00 元

　　在股市交易的投资者，对于技术分析都会有一定的涉猎，因为技术分析和基本面分析是炒股中最基本的两大分析法。

　　技术分析方法包罗万象，并且随着时代和股市的发展而愈发丰富繁杂，但对于 K 线的研究却是历久弥新。作为反映股票历史数据与走势的关键载体，K 线承载了大量的信息，其具有的分析价值也远超其他技术指标。其中的阳线也值得投资者深入研究。

　　K 线收阳说明当日收盘价高于开盘价，单独来看属于比较积极的走势。别看阳线的含义很简单，但通过深入学习和分析之后就会发现，不同位置，不同形态，甚至与不同理论知识结合的阳线，所预示的意义和传递的信号可能会截然不同。

　　在实际操作过程中，有关 K 线的技术分析显然不能仅靠一根阳线来进行判断，就算 K 线的参考价值再高，单独使用也显得过于独断和草率。因此，多种与 K 线阳线结合的技术分析方法应运而生，比如形成于特殊位置的阳线特殊形态、阴阳线组合形态、不同技术指标与阳线结合使用等。

　　为了使投资者学习更轻松，理解更深入，笔者从 K 线阳线技术分析方法的角度入手，编写了这本炒股工具书。

　　全书共五章，可分为三部分：

◆　第一部分为第一至二章，主要针对阳线的一些特殊形态及不同周
　　期的阳线用法进行介绍，包括单根阳线和多根阳线的用法、阴阳

线组合形态及不同周期的阳线如何使用。

◆ 第二部分为第三至四章,主要介绍阳线与不同技术分析方法和理论结合的应用,包括 T+0 超短线操盘技术、缺口理论及量价理论,这些属于进阶的阳线用法。

◆ 第三部分为第五章,主要介绍阳线与趋势线指标的配合用法,包括趋势线和趋势通道、布林指标及移动平均线,可帮助投资者提高操盘成功率。

全书内容由浅入深、循序渐进,从阳线的基础用法到进阶分析技术,一步一步引领投资者走进 K 线阳线技术分析的大门。为了保证新手投资者也能轻松理解理论知识,书中使用了大量的理论图谱和真实案例,同时列明各种操盘注意事项,必要时还有拓展知识补充,多方面、多角度对阳线技术分析知识进行解析。

最后,希望所有读者通过对本书中知识的学习,提升自己的炒股技能,收获更多投资收益。但任何投资都有风险,也希望广大投资者在学习相应技术分析知识后依旧保持谨慎和理智,不能将其当作唯一操盘依据,而要结合多方情况与技术综合考虑。

说明:中国沪深股市的交易时间为每周一到周五。周六、周日及国家规定的其他法定节假日不交易,所以,炒股软件中的 K 线图时间轴仅显示交易日。另外,由于炒股软件窗口大小发生调整时会造成软件底部时间轴被压缩的情况,从而导致截图中 K 线图实际的起止日期和时间轴上显示的起止日期不太对应,或者显示不完整,这是软件自身原因造成的。本着客观陈述的原则,为了让读者能够更准确地查阅,笔者仍然以图中呈现的实际 K 线图的起止日期进行描述。

编 者

2023 年 6 月

|目录|

第一章　阳线的典型买卖形态

第二章　不同周期的阳线应用

第三章　波浪循环中的阳线做 T

第四章　缺口与量能影响阳线信号

第五章　趋势中阳线买卖之法

第一章

阳线的典型买卖形态

　　K线中的阳线是当日收盘价高于当日开盘价形成的，表明当日走势有所上升。单独一根阳线可能并不会承载太多信息，但如果将其放置在行情的某个位置，结合前后K线的表现，就有可能形成一些具有参考价值的典型形态，进而帮助投资者做出买卖决策。但需要注意的是，投资者不可将本书所展示的理论知识当作炒股定理，使用时要根据实际情况进行衡量。

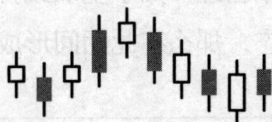

一、看多阳线预示入场

看多阳线指的是发出积极看涨信号的阳线，这类阳线一般形成于下跌末尾、上涨初期及拉升途中，后市股价都有或大或小的上升空间。只要投资者学会辨别阳线的状态和位置，再加以分析，那么这些阳线形成的位置就是很好的介入机会。

No.01 力度较大的单根阳线

形态图解

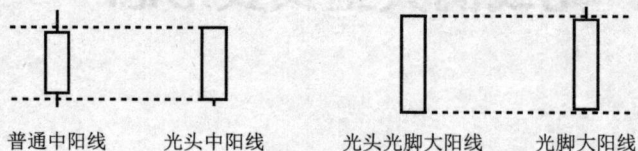

| 普通中阳线 | 光头中阳线 | 光头光脚大阳线 | 光脚大阳线 |

图1-1 力度较大的单根阳线示意图

力度较大指的是阳线的实体波动幅度较大，计算公式如下。

阳线实体波动幅度 =（阳线收盘价 - 阳线开盘价）÷ 阳线开盘价

一般来说，实体波动幅度在 1.6% ～ 3.5% 的，被称为中阳线；实体波动幅度在 3.6% 及以上的，被称为大阳线。

图1-1 中从左到右的四根阳线都有对应的名称，主要命名依据是上下影线和实体波动幅度。没有上影线的统称为光头阳线，没有下影线的统称为光脚阳线，上下影线都没有的被叫作光头光脚阳线。

操盘法则

阳线的实体越长、波动幅度越大、上下影线越短，说明当日市场行情越好，买盘踊跃性也越高，短期来看是具有买进价值的，但投资者还需借助行情走势来判断。

那么该如何进行判断呢？首先看趋势，分析当前市场是否抱有中长期看好的态度，股价是否在前期已经开始了上涨或拉升，如果能够确定市场整体趋势已经呈现出向上状态，那么在此期间形成的中阳线或大阳线就具有较高的买进价值；如果行情下跌到了末尾，在触底反弹的过程中形成了中阳线或大阳线，那么依然会发出抄底信号，只是风险要相对高出许多。

其次看阳线与前一根 K 线的位置关系，主要关注的是前日收盘价与当日开盘价两大关键价格，图 1-2 为阳线与前一根 K 线的位置关系示意图。

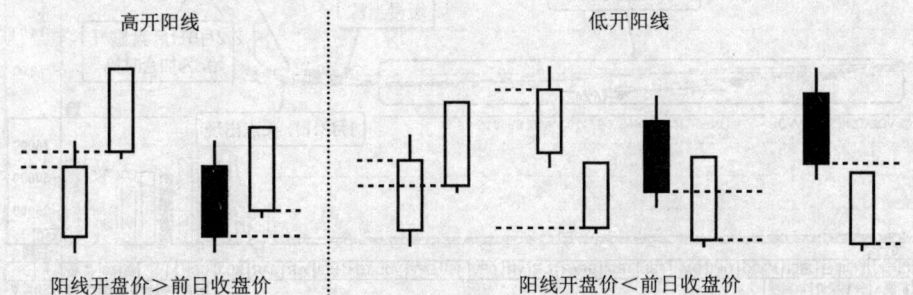

图 1-2　阳线与前一根 K 线的位置关系

如果阳线以高于前日收盘价的价格开盘，那么高开的阳线就说明买盘的推涨情绪高涨，且价格差距越大，买进信号越强烈；如果阳线以低于前日收盘价的价格开盘，在已经收阳的情况下，当日收盘价还低于前日收盘价，那就说明市场有上涨的趋势，但动力不足，次日若不能继续收阳，行情很难有效上涨，此处的买进信号就比较微弱。

重点提示

◆ 实体波动幅度不是当日涨幅，当日涨幅的计算依据是当日收盘价与前日收盘价，而实体波动幅度的计算依据是当日收盘价与当日开盘价。

◆ 下跌行情中也会出现力度较大的阳线，大概率预示着反弹，但反弹空间不定，投资者操作应谨慎。

◆ 若形成阳线当天分时走势震荡幅度较大，上下影线较长，证明多空博弈激烈，后市走向可能不会那么坚定，投资者可延迟介入。

实盘解读

初灵信息（300250）力度较强的阳线分析

图 1-3 为初灵信息 2022 年 12 月至 2023 年 2 月的 K 线图。

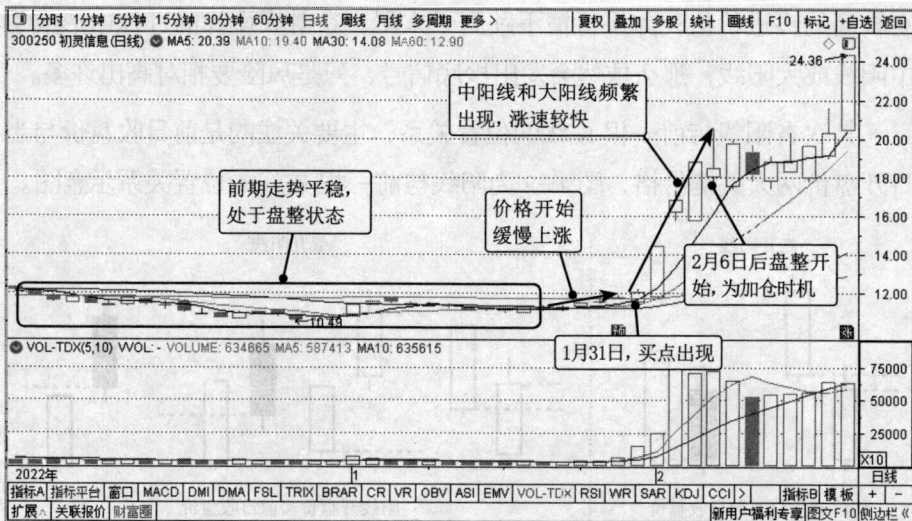

图1-3 初灵信息2022年12月至2023年2月的K线图

从图1-3中可以看到，2022年12月至2023年1月，K线的涨跌幅和实体波动幅度都不大，整体被压缩在12.00元价位线以下横向运行，直到1月底才开始呈现出上涨迹象。

1月31日是该股突破12.00元压力线的第一个交易日，也是一根实体波动幅度超过3.6%的大阳线。结合前面几根缓慢上升的阳线，预示着一波上涨可能即将来临，激进的投资者可以尝试买进。

次日，该股虽以低价开盘，但在开盘后就立刻快速上升，几分钟内就冲到了涨停板，并持续封板直至收盘，当日形成了一根光头光脚大阳线，实体波动幅度达到了22.25%。很显然，这根光头光脚大阳线是前日看多信号的坚定支撑，此时还在观望的谨慎型投资者若不能在当日涨停之前买进，还可以等待后续开板后进行交易。

在后续的走势中，阳线接连形成，并且几乎都是实体波动幅度超过了1.6%的中阳线或大阳线。尽管在2月6日该股试图冲高失败，收出了一根带长上影线的中阳线，导致价格进入盘整，但18.00元价位线给予了充分的支撑，证明该股只是由于短期获利盘的离开而短暂震荡，后期还是有上升空间的，投资者既可以先行兑利出局，也可以继续加仓。

截至 2 月 15 日收盘，该股已经到达了最高 24.36 元，相较于 1 月 31 日 11.55 元的开盘价，整体涨幅近 111%。半个月时间能有如此惊人的涨幅，与连续中阳线、大阳线的短期高速拉涨是分不开的，投资者若足够果断，抓住机会，那么短期收益会比较可观。

No.02　底部十字阳线

形态图解

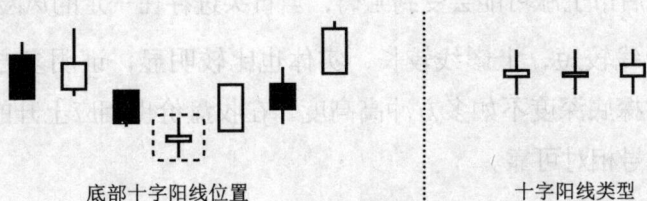

底部十字阳线位置　　　　　　　　十字阳线类型

图1-4　底部十字阳线示意图

十字阳线由十字星线延伸而来，十字星线是指当日收盘价与开盘价相等，K 线没有实体，但有上下影线，形成的一个类似十字的形态。而十字阳线则是当日收盘价稍高于开盘价，拥有一个极短的阳线实体，借此与十字星线形成差异，但实体不能太长，否则可能转变为螺旋桨形态。

拓展知识　*螺旋桨与十字阳线有何差别*

螺旋桨指的是带有长上下影线的 K 线，不分阴阳，并且 K 线的实体可以很大，有的螺旋桨实体可能会达到大阳线的层次。十字阳线的研判关键在于阳线实体极小，而影线长度只要比实体长就可以，二者差异性还是比较大的，投资者要注意分辨，图 1-5 为螺旋桨与十字阳线对比示意图。

螺旋桨类型　　　　　　螺旋桨（左）与十字阳线（右）

图1-5　螺旋桨与十字阳线对比

操盘法则

底部的十字阳线就是形成于回调末期、下跌末期或是反弹前期的十字阳线，也就是在价格波谷处的十字阳线。

十字阳线的含义主要跟当日震荡程度有关。若十字阳线影线非常长，或者只是下影线长，就说明当日多空双方竞争激烈，价格产生了至少一次大幅上冲和一次大幅下跌，虽然最终多方以微弱优势获胜，但空方力量依旧在蓄积，后市上涨可能会受到阻碍，当日买进存在一定的风险。

若下影线较短，上影线较长，实体也比较明显，证明多方占据更多优势，空方探底深度不如多方冲高高度，在收盘价也相应上升的情况下，当日买进信号相对可靠。

重点提示

◆ 十字阳线的实体一定要小，几乎与十字星线相差无几，否则形态就不标准，研判结论会产生一定偏差。

◆ 底部十字阳线的最低价最好在整个波谷的最底端，或是紧临波谷最底端，研判效果更好。

◆ 若后续股价没有转向上涨，那么形态可能失效，误入场的投资者应及时止损出局。

实盘解读

炬华科技（300360）回调底部十字阳线分析

图1-6为炬华科技2022年9月至11月的K线图。

在炬华科技的这段股价走势中，有多个价格波谷产生，但整段走势的最低价在10月25日，K线探底价为10.61元。

就在次日，该股以11.33元的低价开盘后表现出了幅度较大的震荡，反复波动后，最终以11.35元的价格收盘，仅比开盘价高了0.02元。当日的最高价为11.59元，最低价为11.07元，上下影线长度比较均衡，并且最低价相较于前一日出现了上移，回到了11.00元价位线以上。

这些都证明多方开始发力，不断消化和冲抵空方的抛压，此次下跌可能即将结束。激进的投资者可以试探性地建仓，谨慎的投资者如果认为时机尚不成熟，可以再观察一段时间。

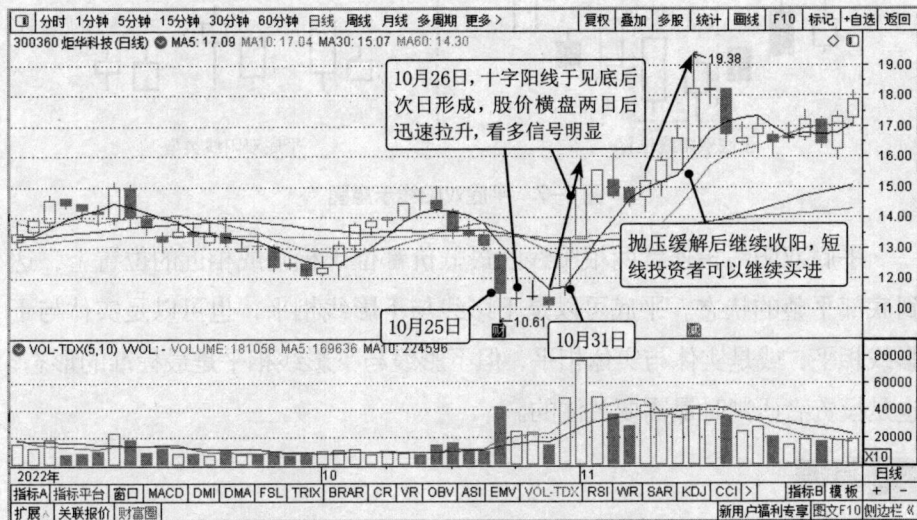

图1-6 炬华科技2022年9月至11月的K线图

在后续的两个交易日中，价格在11.00元到12.00元内小幅波动，并未展现出明显的看涨迹象。

但在10月31日，该股以高价开盘后迅速上冲，在早盘时间内就来到了涨停板上，后续虽然并未彻底封板，但长时间在涨停板附近波动交易，进入尾盘后封板，直至收盘，当日收出一根光头涨停大阳线。

这根光头涨停大阳线是前面底部十字阳线看多信号的有力证明，进一步验证了看多信号，并且当日的买进时机非常多，谨慎的投资者可以趁着股价波动时介入，抓住后续涨幅。

从后市的走势也可以看到，在经历了连续三根大阳线的高速拉升后，价格冲到了15.00元价位线以上。后续由于获利盘兑利带来的抛压，该股冲势有一定的停滞，但经过短暂整理后，股价一路上涨至19.00元价位线以上，投资者若抓住机会，短期收益会比较可观。

No.03　平底双阳线

▎形态图解▎

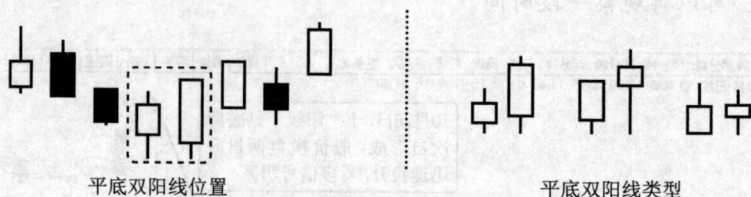

平底双阳线位置　　　　　　　　　　平底双阳线类型

图1-7　平底双阳线示意图

平底双阳线指连续两根阳线的最低价都位于相同或相近的位置上，达到底部平整的状态。平底可以是下影线与下影线相平，也可以是实体与下影线相平，或是实体与实体相平，但下影线与下影线相平是最标准的形态，也是投资者研判时最需要关注的。

▎操盘法则▎

平底双阳线与底部十字阳线一样，也形成于价格波谷处，发出的是见底回升信号。不过，底部十字阳线不一定是最低点，但平底双阳线需要是最低点，否则就失去了平底的意义。

平底双阳线是空方动能暂时释放完全，买盘开始逐步介入提价的表现，两根阳线的齐平下影线就是买方对价格底部的反复试探。正是由于这种含义，平底双阳线有时也被称为双针探底，不过双针探底中的两根K线可阴可阳，没有平底双阳线的限制性强，发出的看涨信号也不如平底双阳线可靠，这一点需要投资者注意。

平底双阳线形成后，投资者的操作手法与底部十字阳线类似。若股价没有立即上涨，就可以保持观望；若股价出现了拉升迹象，那么投资者就可以抓住时机入场了。

▎重点提示▎

◆　平底双阳线的下影线越长，说明形态越标准，信号越可靠。

◆　平底双阳线形成后，若股价只是小幅反弹，随后再次下跌，就证明多方反攻失败，下跌趋势可能还会延续一段时间，此时投资者最好不要一直持股等待回转。

◆ 上涨过程中回调底部所形成的平底双阳线，风险相对较低，投资者可以重点在上涨趋势中寻找。

实盘解读

宁夏建材（600449）平底双阳线分析

图1-8为宁夏建材2021年6月至9月的K线图。

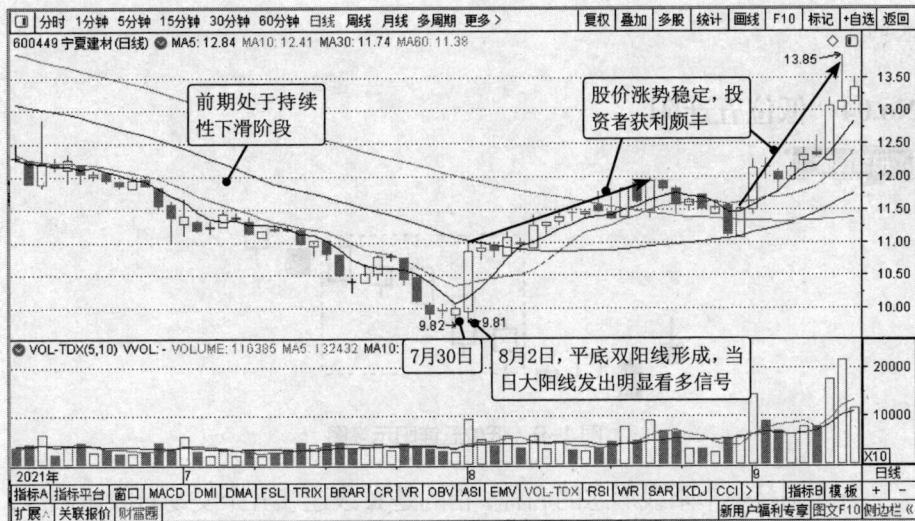

图1-8　宁夏建材2021年6月至9月的K线图

在2021年6月至7月，宁夏建材股价呈下跌趋势，K线阴多阳少，长时间被压制在均线组合之下，市场明显处于低迷状态，偶有反弹也被很快压制。

这样的状态一直持续到了7月底，在连续收出三根阴线加速下跌后，该股来到了10.00元价位线以下，随后在此止跌横盘。7月30日，该股虽然依旧处于10.00元价位线以下，但已经收出了阳线，当日最低价为9.82元。

8月2日，该股以低价开盘后横向波动了一段时间，但之后明显转折向上，一路呈阶梯式上升至11.00元价位线附近，尾盘小幅回落，最终以8.70%

的涨幅收出一根大阳线，市场表现出了明显的积极状态。

8月2日的最低价为9.81元，是近期以来的新低，并且与前一根阳线的最低价仅仅相差0.01元，基本可以看作持平，两根阳线构成了平底双阳线形态。而且，由于第二根阳线涨幅较大，已经发出了明确的买进信号，此时投资者可以入场了。

在后续的走势中，市场中的推涨力量不负众望，缓慢但坚定地将价格推到了接近12.00元价位线的位置，在稍加整理、回调后继续上扬，直至突破13.50元价位线。投资者只要抓住时机买进和兑利出局，获利概率还是比较大的。

No.04 低位五连阳

形态图解

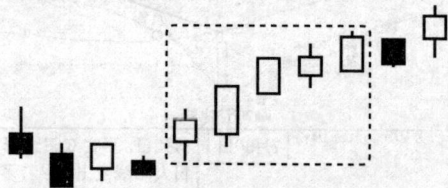

图1-9 低位五连阳示意图

五连阳是一个阳线形态的名称，指的是K线连续五个交易日收出阳线，低位则指的是五连阳形成的位置。五连阳对阳线的状态没有太多要求，只要每个交易日的收盘价高于其开盘价，就可以认定为五连阳。

操盘法则

低位五连阳一般形成于行情拉升初期，或是刚从深度回调中恢复过来的位置，也就是价格波谷的右侧。

价格见底之后，通常会有一段拉升→整理→再拉升的过程，这一点经过前面几个案例的解析，相信投资者能够明白其原理。低位五连阳在"再拉升"的位置出现时，买进信号的强度是比较高的，信号可靠度也能得到一定的保障，投资者此时入场要相对安全一些。

当然，有些大牛股可能直接就开始了连续收阳拉升的过程，从低谷拉到顶部的途中会形成连续的五连阳形态。在这种情况下，只要能够确定涨势，投资者该出手时就出手，抓住牛市，就有机会搭上股价上涨的顺风车。

拓展知识 **另一种信号相似的连续收阳形态**

有一种看多形态与五连阳十分相似，都是连续几个交易日收阳，但它对每根阳线都有要求，那就是前进三兵。

前进三兵有时也被称为红三兵，要求 K 线连续三个交易日收出阳线，并且阳线开盘价要位于前一根阳线的收盘价之下，三根 K 线呈交错咬合状态，阳线实体最好一根比一根长，并且阳线的实体没有影线或影线较短，图 1-10 为前进三兵示意图。

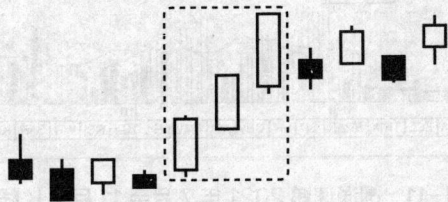

图 1-10　前进三兵示意图

相较于五连阳，前进三兵的要求显然要高许多，但由于五连阳和前进三兵的信号及操作方式的相似度较高，本章就不再逐一解析，感兴趣的投资者可自行学习。

重点提示

◆ 五连阳的 K 线实体越长，彼此之间跳空越多，信号越强烈。

◆ 使用低位五连阳时一定要注意价格高度，若股价前期已经经历了一段幅度不小的上涨，那么再出现的五连阳可能就不是看多的低位五连阳，而是预示出局的高位五连阳了。

◆ 如果低位五连阳的 K 线之间距离比较紧密，实体也较小，尤其是还有逐步缩小的趋势，最高价呈弧线走平时，后续就有可能面临盘整或回调，而非连续上涨。

圆通速递（600233）低位五连阳分析

图1-11为圆通速递2021年7月至11月的K线图。

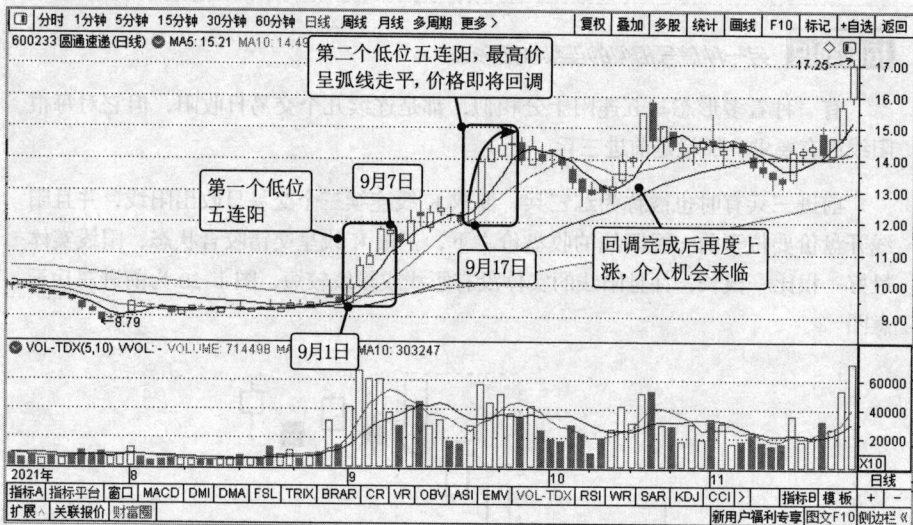

图1-11　圆通速递2021年7月至11月的K线图

在圆通速递股价这段从相对低位回升的过程中，低位五连阳出现了两次，并且都是在第二阶段的"再拉升"过程中，这就意味着两个低位五连阳发出的都是买进信号，但第二个低位五连阳情况有些特殊，下面来详细解析。

先来看底部回升的第一阶段。在2021年7月底，该股到达8.79元的新低后出现了短暂的回升，跃到了9.00元价位线以上，随后就长时间保持在该价位线附近横盘。

8月底，该股逐渐向第二阶段的"再拉升"过渡，K线有上升的迹象。9月1日，该股开盘后不久就表现出了积极的上涨走势，进入下午时段后小幅回落，最终收出一根涨幅达到5.93%的大阳线。

在后面连续四个交易日中，该股都在收阳，只有9月7日这一天的阳线并未出现明显上涨，说明推涨力量有所不足，后续有修整的可能。不过这五根连续的阳线还是构成了低位五连阳形态，买入信号出现。

其实在低位五连阳构筑的过程中，敏锐一些的投资者是能够感受到"拉升"的到来，进而提前买进。谨慎的投资者若还在观察，待到低位五连阳形成后，也可以在回调低位买进建仓了。

经历了整理和缓慢回升后，9 月 17 日，该股再度开始了快速收阳。但此次的连续阳线从第三根 K 线开始就出现了实体逐根缩短的情况，最高价呈弧线走平。虽然 K 线依旧呈现出五连阳状态，但上升速度和市场推涨的坚定程度远不如第一个低位五连阳。

这很可能就意味着，多方逐渐承接不住空方的抛售压力，价格可能即将迎来整理或是下跌。那么投资者最好不要在此处买进，以免增加持仓成本和时间，可以等到此次回调结束再看。

10 月中旬，该股回调到 13.00 元价位线附近后止跌回升，宣告此次整理结束，价格将重拾升势，此时投资者就可以继续跟进了。

可以看到，后续的走势呈现出波浪形的上涨，那么短线投资者就可以进行波段操作；中线投资者可以分次建仓，摊平成本；而长线投资者在买进后可以稳健持有，只要行情没有彻底转势，就不必理会期间的波动。

No.05 芝麻开花

形态图解

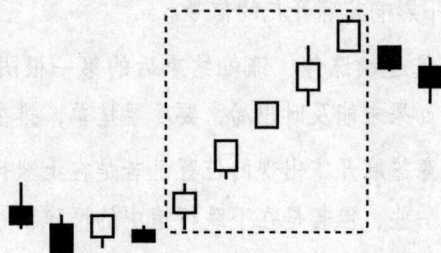

图 1-12 芝麻开花示意图

芝麻开花寓意节节高升，放在 K 线形态中，形容的就是实体连续跳空的阳线（最极端的是连续跳空涨停阳线），一节一节向上冲，既像芝麻秆上的挂果，又像冲天的鞭炮。

操盘法则

连续的跳空式上涨有多种不同的形态，比如连续小阳线跳空、一字涨停与跳空阳线结合、跳空阳线和多种无实体涨停K线结合的情况，芝麻开花代表的就是实体跳空阳线的形态。

在这种形态下，如果价格连续涨停，不会一开盘就封板，因此会为投资者留下很多的交易机会，比如在冲板过程中、开板震荡中及冲顶回落时。由于连续跳空阳线可能会持续好几个交易日，因此芝麻开花比起五连阳，释放的看多信号将更为强烈，获利机会也增加不少。

那么，投资者的操作策略就是尽早买进，因为连续跳空阳线不可能持续太长时间，一旦涨势减缓或结束，就很可能面临价格的快速下跌，毕竟场内积累的获利盘数量庞大，连续压价出售是很正常的。所以，投资者在相对低位入场后，只要发现价格开始收阴下滑，就可以先行出局，将已有收益落袋为安。

重点提示

◆ 芝麻开花并没有限制跳空阳线的数量，数量越多，阳线涨幅越大，跳空距离越大，形态买入信号越强。

◆ 如果在芝麻开花形态中偶尔穿插一两个无实体涨停K线，如一字涨停、T字涨停，不影响芝麻开花的信号。

◆ 若芝麻开花是连续涨停，涨停结束后的第一根阴线就可能是跌停阴线，投资者如果未能及时出局，要尽早挂单，排在前面离场。

◆ 投资者要注意芝麻开花出现的位置，若是在上涨行情中形成，买进的安全性要高一些，但若是在下跌行情中的反弹位置形成，就一定要谨慎操作，不可留恋，避免被套。

实盘解读

水羊股份（300740）芝麻开花分析

图1-13为水羊股份2020年3月至7月的K线图。

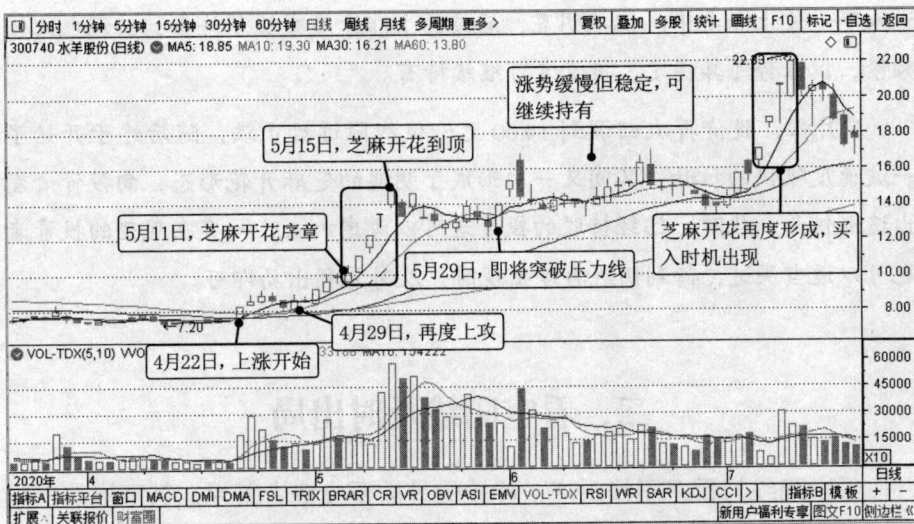

图 1-13 水羊股份 2020 年 3 月至 7 月的 K 线图

芝麻开花形态在上涨行情中出现得最频繁，也是最适合投资者操作的。因此，本案例选取了水羊股份从低位上升的拉升初期阶段作为分析的参考，投资者在实战时也应尽量选择出现在这种位置的芝麻开花进行操作。

首先，在拉升开始之前，水羊股份的股价经历了较长时间的低位横盘。从 2020 年 4 月 22 日开始，该股就出现了快速上涨的趋势，并且在次日跳空收阳，但由于第三个交易日并未达到实体跳空的效果，因此，这次上涨只是拉升的序幕。

在经历了一段时间的回调整理后，该股在 4 月底发起了再次的上攻，不过刚开始的上涨还是受到了一定的阻碍，其中夹杂了一些阴线。直到 5 月 11 日之后，该股开始了连续实体跳空收阳上涨的走势，形成了比较明显的芝麻开花形态，买入信号也强烈起来。

5 月 15 日，芝麻开花到了顶端，次日就在 14.00 元价位线的压制下收阴下跌了，获利盘开始大批出局，价格进入调整之中，不过没有彻底下跌的迹象。此时投资者既可以先行兑利出局，也可以继续持有，甚至可以在回调低位加仓。

5 月 29 日，股价再度大幅收阳，并于次日跳空收阳，突破了 14.00 元压力线，进入下一波上涨之中。但很明显，后续的上涨速度减缓了许多，回调也比较频繁，但涨势还算稳定，投资者可继续持有。

7月初，股价再次回调到14.00元价位线附近后止跌，随后终于开始了一波速度较快的拉升，其间又一次形成了明显的芝麻开花形态，向投资者发出追涨信号。此时，已经持股的投资者可以考虑加仓，一直在观望的投资者也可以适当买进，待到阴线再度出现时，及时兑利出局即可。

二、看空阳线及时出局

看空阳线与看多阳线对应，释放的是需要投资者警惕，甚至提前出局的卖出信号。这类阳线一般形成于上涨高位、行情顶部或是阶段顶部，尽管并不像阴线那般直接，但可以在彻底下跌之前向投资者发出提前预警信号，以达到及时止盈的目的。

No.06 流星阳线

形态图解

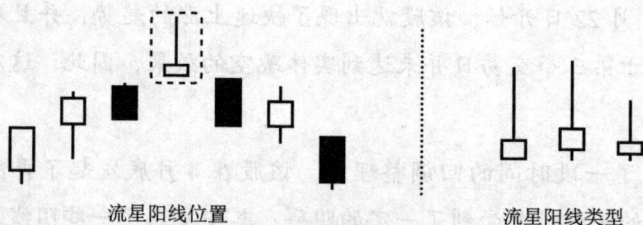

流星阳线位置　　　　　　　　　流星阳线类型

图1-14 流星阳线示意图

流星阳线涵盖在流星线的范围内，指的是带长上影线的小阳线，影线长度是实体的两倍及以上，下影线没有或是较短，由于其形状特殊，也被称为射击之星或倒锤子线，该形态一般形成于价格波峰。

操盘法则

这里的价格波峰既可以指行情顶部，也可以指阶段顶部，但由于一根阳线的反转意义比较微弱，因此，投资者还是有必要结合前期走势和其他指标，比如成交量、均线等的变化来综合判断。

在流星阳线形成之前，需要有一段比较明显的上涨走势来证明高位的到来。并且如果流星阳线的下影线完全消失，上影线远远超过实体长度，那么形态就更标准了。

流星阳线之所以能够预示反转，主要体现在其上影线上。长上影线代表多方在盘中尝试过积极上冲，并且也达到了一定的高度，但最终还是被空方压制向下，回到了开盘价附近。

这是推涨动能不足，价格可能即将回落的表现，谨慎的投资者可以借此机会提前出局，就算踏空了行情也可以再次买进；惜售的投资者若不愿意轻易卖出，那么在观察几日后发现价格下跌时，也要及时止损。

实盘解读

米奥会展（300795）流星阳线分析

图 1-15 为米奥会展 2021 年 10 月至 12 月的 K 线图。

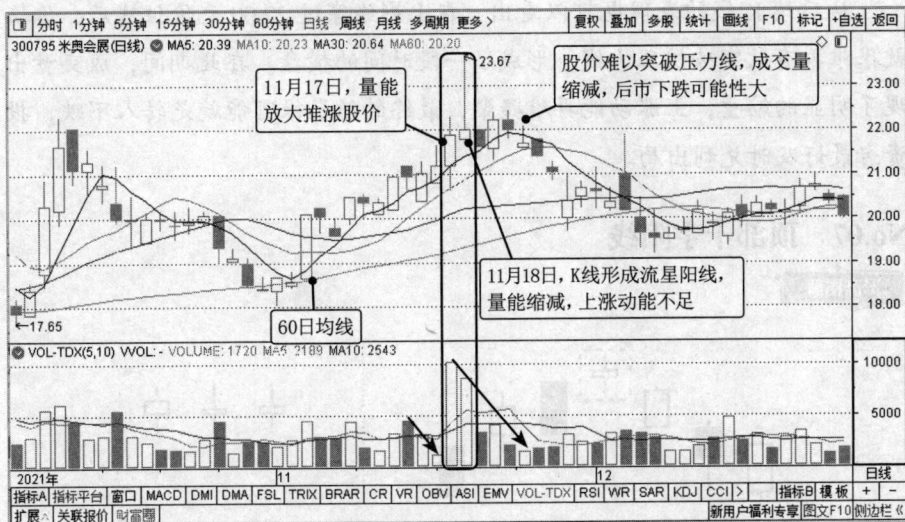

图 1-15 米奥会展 2021 年 10 月至 12 月的 K 线图

在米奥会展的这段股价走势中，整体是在上升的，但升势不太稳定，更偏向于震荡，这一点在 2021 年 10 月至 11 月中旬体现得比较明显。

2021 年 10 月底，该股跌至 60 日均线附近得到支撑后开始震荡收阳上涨。在接下来的近半个月时间内都保持着上升走势，并且越到后期涨速越快，说明市场积极性还是比较高的。

但反观成交量却发现，在股价迅速上升的同时，成交量不仅没有表现出明显的放量支撑，反而在价格突破 21.00 元价位线之后出现了两个交易日的大幅缩量。尽管在 11 月 17 日成交量重新放大，价格也冲上了 22.00 元，但 11 月 18 日价格再度冲高时，量能却再度缩减，上涨动能表现出了疲软。

再来看 11 月 18 日当天走势，股价在以 21.80 元的价格低开后很快上冲，但并未在高位坚持太久就一路向下滑落，最终以 22.00 元的价格收盘，形成了一根带长上影线的小实体阳线。该阳线符合流星阳线的技术形态要求，再加上前期有过明显的上涨走势，因此，此处可以确定为流星阳线。

在震荡行情的价格波峰形成流星阳线，理论上的警示信号应该更强，但由于单根阳线的可靠度不如组合形态，因此惜售的投资者希望再观察一段时间也是可以的。

从后续 K 线的表现也可以看出，在上影线穿过 22.00 元价位线后，价格就很难再有效突破该压力线，形成了一段时间的横盘。在此期间，成交量出现了明显的缩量，上涨动能再难凝聚，最终的结果很可能就是转入下跌，投资者最好及时兑利出局。

No.07　顶部十字阳线

形态图解

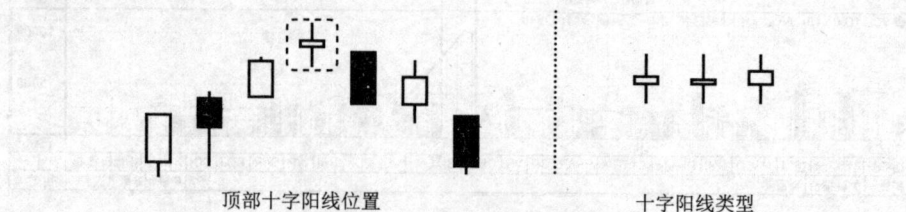

顶部十字阳线位置　　　　　　　　　十字阳线类型

图 1-16　顶部十字阳线示意图

十字阳线在前面已经介绍过了，顶部十字阳线的技术形态与之一致，只是在形成位置上存在差别。顶部十字阳线通常形成于价格波峰，既可以是近期最高点，也可以紧挨着最高点。

操盘法则

同样的技术形态出现在不同的位置，发出的买卖信号可能截然不同，十字阳线就是一个典型的例子。

顶部十字阳线同样代表着多空双方的博弈和竞争，区别在于多方试图继续冲高，不过最终失败了。空方尽管还没有掌控局面，但市场颓势已显，在量能没有给予足够支撑的情况下，下跌已经是可以预见的事实了。

因此，投资者在经历一波上涨后，在相对较高的位置发现十字阳线时，就要引起警惕之心，该兑利出局的就挂出卖单，想要继续观察的需要更加谨慎，避免因小失大，被套场内。

重点提示

◆ 在分析顶部十字阳线时，投资者依旧可以借助成交量、均线等指标来综合研判，巩固信号强度。

◆ 十字阳线形成后，价格可能在短暂横盘后继续冲高，那么这里的十字阳线就不是典型的顶部十字阳线，出局的投资者可以继续买进。

实盘解读

盛弘股份（300693）顶部十字阳线分析

图1-17为盛弘股份2021年7月至12月的K线图。

从60日均线的状态及K线的走势可以看出，盛弘股份的股价在2021年7月至8月上旬出现了强势上涨的态势，不过在8月12日创出62.98元的新高后就开始下降了，只是60日均线转向速度较慢。

10月12日，该股跌至30.60元的阶段新低后，次日就开始收阳反弹了。此次反弹的涨势强劲，看似与前期股价冲高的速度相当，但观察成交量就能发现，这一波量能峰值明显没有前期高，所以其冲高的高度很可能难以越过前期高点，也就是8月12日创出的62.98元。

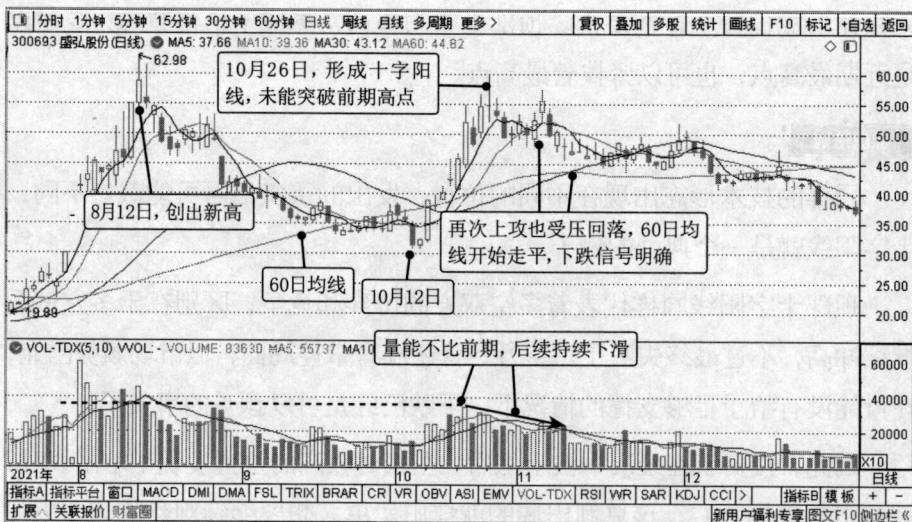

图1-17　盛弘股份2021年7月至12月的K线图

经历了一段时间的快速拉升后，该股在10月26日以54.70元的价格开盘，盘中出现了幅度较大的震荡，价格在早盘期间创出59.87元后就逐步向下，回归到开盘价附近，最终以54.73元收盘，仅仅比开盘价高0.03元，实体波动幅度更是只有0.05%，当日形成了一根比较标准的十字阳线。

可以看到，10月26日的最高点只有59.87元，没能突破60.00元价位线，与8月12日的62.98元还有一段距离。当日形成的又是十字阳线，这就说明60.00元是一条关键压力线，该股若能彻底将其突破，很有可能会开启又一波上涨行情；但如果突破失败，则后市下滑的可能性将更大。谨慎的投资者此时就要做出决定了，是去是留，取决于自身的操作策略。

答案在后续不久就得到了验证，10月底，该股小幅回落到50.00元价位线附近，得到支撑后再度上攻，不过成交量并未提供支撑，价格最终也未能有效突破55.00元价位线，更加证实了上方的压力作用。

那么，10月26日的十字阳线可确定为顶部十字阳线，卖出信号此时更加明显，没有在十字阳线处离场的投资者在看清形势后，也要及时抛盘出局了。毕竟在股价突破55.00元价位线失败后，60日均线也开始走平，后市的下跌趋势基本已成定局。

No.08　孕育阳线

形态图解

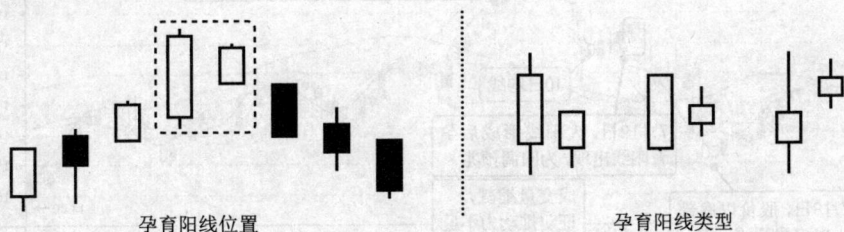

孕育阳线位置　　　　　　　　　　孕育阳线类型

图 1-18　孕育阳线示意图

　　孕育阳线由两根阳线构成，阳线的影线长短和实体长度没有规定，但第二根阳线需要完全被包容在第一根阳线内部，也就是上下影线的范围内。

操盘法则

　　孕育阳线的形态比较普遍，在行情的任何位置都有可能形成。但正如前面的十字阳线一样，只有当形态与位置结合起来，才能够分析出值得参考的信息。因此，当孕育阳线形成于价格顶部时，卖出信号才具有足够的价值，形态可靠度也更高。

　　股价顶部的孕育阳线是上涨动能不足的表现，其后跟随的可能是一段横盘后的下跌，也可能直接就转入下跌，当然，横盘后继续上涨的概率也不小。走势的可能性大小主要取决于当前趋势如何，一般来说，股价都倾向于沿着已有趋势运行，趋势越稳定，延续可能性就越大。

　　因此，投资者在实战时还是要具体问题具体分析，不可盲目跟随操盘。

重点提示

　　形态的第一根阳线的最高点最好是近期最高价，后续 K 线渐次降低或走平，研判效果较好。

实盘解读

通宇通讯（002792）孕育阳线分析

　　图 1-19 为通宇通讯 2021 年 6 月至 10 月的 K 线图。

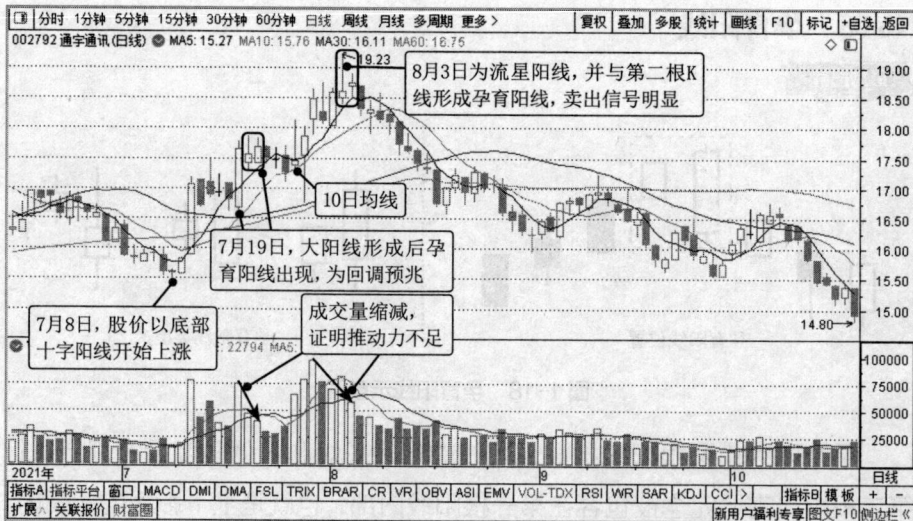

图1-19 通宇通讯 2021 年 6 月至 10 月的 K 线图

在通宇通讯股价这段震荡行情中，尽管很少有稳定的趋势，但短期的上行、下跌还是可以保持一段时间的，那么在这些趋势中形成的孕育阳线表现如何呢？下面就来逐一进行解析。

在 2021 年 6 月至 10 月这段走势中，比较明显的稳定上涨走势是从 7 月 8 日开始的，股价以一根底部十字阳线从 15.50 元价位线附近起步，后续两根阳线实体越来越长，直至越到 17.00 元价位线以上才开始筹码的交换和价格的整理，预备下一步拉升。

7 月 19 日，大阳线再度出现，一举突破 17.00 元的压力线，来到 17.50 元价位线以上，随后缓和了收阳幅度。仔细观察后面两根阳线就可以发现，第三根阳线是完全被包覆在第二根阳线上下影线范围之内的，二者共同形成了孕育阳线形态。再结合此时出现了缩减的成交量，基本可以判定此处的上涨动能有所衰减，股价可能会再次进行整理，短线投资者可以先行出局，将收益落袋为安。

从后续的走势可以看到，该股确实进行了几个交易日的回调，但 10 日均线给予了一定的支撑，很快股价就回到了上涨轨道之中，这意味着孕育阳线的影响力散去，投资者又可以继续追涨了。

8月3日，该股在盘中形成了冲高回落的走势，当日收出一根带长上影线的小阳线，近似于流星阳线，但下影线稍长。次日，该股继续收阳，但整根阳线都处于前一根阳线的范围内，又一次形成了孕育阳线形态。此时的成交量也表现出明显的缩减，更加证实了上涨动能不足。多重形态的叠加，传递出比上一个孕育阳线更强烈的卖出信号。因此，再度入场的投资者需要尽快卖出，避开后市可能的下跌行情。

No.09　平顶双阳线

形态图解

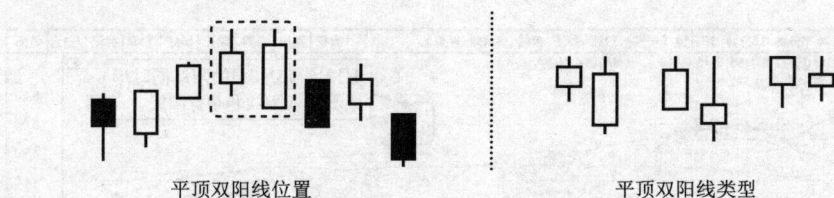

平顶双阳线位置　　　　　　　　平顶双阳线类型

图1-20　平顶双阳线示意图

平顶双阳线与平底双阳线相对应，指的是最高价相等或相近的两根阳线，形成的位置在行情顶部或阶段顶部，两根阳线至少要有一根是整个波峰的最高价。

操盘法则

与平底双阳线一样，平顶双阳线并不限制到底是实体持平还是上影线持平，但如果两根阳线的上影线都比较长，并且完全齐平，那么形态就比较标准了，参考价值也会更高一些。这说明多方已经多次尝试过突破，但最终都以失败告终，上影线越长，证明上方压力越大。

平顶双阳线属于转势形态，股价的未来走向可能是短期拉升后的小幅回调，也可能是反弹结束后下跌趋势的延续，还可能是上涨行情的逆转。但无论是何种情况，谨慎一些的投资者都可以跟随卖出，以降低持股风险。

重点提示

◆　若平顶双阳线的两个最高价并不完全持平，那么前一根略高，后一根略低会更加合理。

◆ 形态形成前需要有一段比较明显的上涨，证明价格已处于较高位置。

◆ 平顶双阳线的形成还有一种原因，那就是遇到压力并不是很大的阻碍线时，股价反复向上试探。如果推涨动能足够，价格很可能在第三个交易日就冲破阻碍线继续上升，在这种情况下投资者就可以继续买进。

实盘解读

常铝股份（002160）平顶双阳线分析

图1-21为常铝股份2021年12月至2022年4月的K线图。

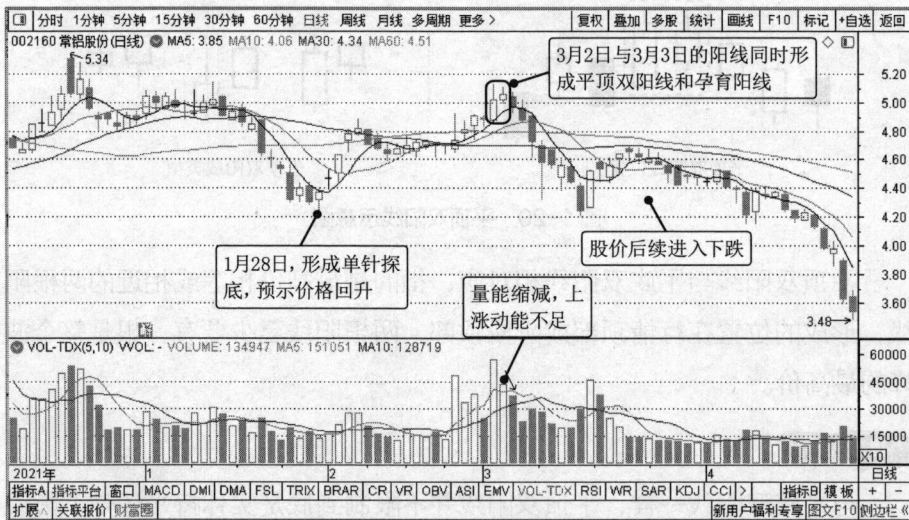

图1-21　常铝股份2021年12月至2022年4月的K线图

2021年12月至2022年2月，常铝股份的股价大部分时间都处于震荡之中，涨跌趋势不是很明显。在这种行情中操盘，采用快进快出的短线波段策略是比较有效的，只是需要投资者消耗许多精力来关注盘面，操作难度也相对较大，投资者可根据实际情况选择是否采用。下面来看常铝股份的走势。

在经历一番上下波动后，该股于2022年1月底跌到了4.20元价位线上方，在1月28日收出一根带长下影线的探底阳线（也就是单针探底）后，便开始了回升。此时，投资者接收到买入信号后，就可以寻找时机适当买进。

2月初，该股一路上涨至4.80元价位线附近后，短线获利盘的抛压加大，价格出现回调，但仅仅小幅跌到了4.60元价位线附近便止跌横盘，进行整理。这表明市场买盘的承接能力还是足够的，后续应当还有一波上涨，投资者既可以在股价回调之时卖出兑利，也可以在回调低位加仓。很快，该股在2月下旬迎来了明显的上涨，并成功突破了4.80元价位的压制，来到了下一条压力线，也就是5.00元价位线附近。

3月2日，该股在早盘时间内有尝试过上冲，但由于量能后续支撑力不足，最终回落，以5.02元的价格收盘，当日形成一根带长上影线的阳线，最高价为5.13元。次日，该股在开盘后依旧试图上冲，但此次上升的幅度更小，仅仅达到5.12元后就再度回落，最终收出一根小阳线。

观察这两根阳线可以发现，二者都带有上影线，并且最高价仅仅相差0.01元，第二根阳线还完全被包含在第一根阳线内部。也就是说，二者不仅形成了平顶双阳线，同时也形成了孕育阳线，发出了双重看跌信号。再看成交量的变化，第二根阳线形成过程中量能有明显的缩减，这又是市场动能不足的表现。结合K线的看跌信号，此时场内的投资者最好提前兑利出局，避开后续的下跌风险。

拓展知识　*什么是单针探底*

单针探底是一根带长下影线的小实体K线，可阴可阳，但阳线的预示意义要更强一些，价格即将见底回升，图1-22为单针探底的技术形态。

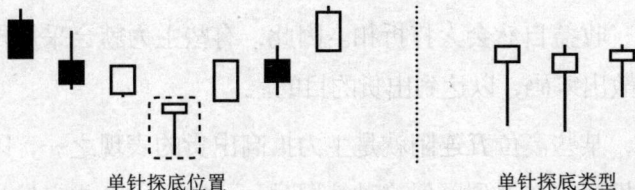

单针探底位置　　　　单针探底类型

图1-22　单针探底示意图

细心的投资者可能已经发现了，单针探底其实就是流星阳线技术形态的反转，二者形成的位置和传递的信号也正好相反，对于短线投资者来说是很好的操作参考。

No.10　高位五连阳

形态图解

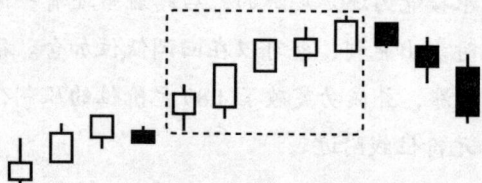

图 1-23　高位五连阳示意图

高位五连阳与低位五连阳的本质都是五连阳形态，只是形态出现的位置不同，导致了信号和预示意义的差异。

操盘法则

高位五连阳就是形成于相对高位的五连阳形态，简单来说就是在价格波峰的左侧上升过程中形成的。那么，为什么换到了高位，本来是积极上涨的五连阳就变成了看跌信号呢？这就涉及了主力的介入。

相信大部分投资者都明白主力的含义，主力有雄厚的资金和专业的分析团队，股市中许多看似不合常理的现象，其实背后都有主力的介入。比如价格已经在短时间内冲到了很高的位置，但获利盘的压力不仅没有导致股价下跌，反而连续收出数根阳线，将行情再度推向一波高潮。

其实主力这么做的目的很简单，在价格到达高位后，不仅是散户想要兑利离场，主力也想。但由于其手中筹码量过大，一次性抛售大概率会导致股价暴跌，收益自然会大打折扣。因此，有些主力就会采用再次推高的方式，分批散出筹码，以达到出货的目的。

很显然，某些高位五连阳就是主力推高出货的表现之一，因此会发出预警信号。投资者在遇到疑似这种情况时，一定要注意成交量是否跟上，盘中交易是否异常，避免猝不及防被套场内。

重点提示

◆　不是所有的高位五连阳都是主力推高出货的手段，有些形态单纯就是市场追涨造成的，后市的下跌也是源于卖盘压价，市场在经过整理后还可能有上涨空间，不过谨慎一些的投资者依旧可以先行卖出。

◆ 短时间内股价急速上冲，甚至连续涨停、涨幅翻番的情况下，基本可以确定有主力在推涨，投资者需要特别警惕。

实盘解读

新华制药（000756）高位五连阳分析

图 1-24 为新华制药 2022 年 3 月至 8 月的 K 线图。

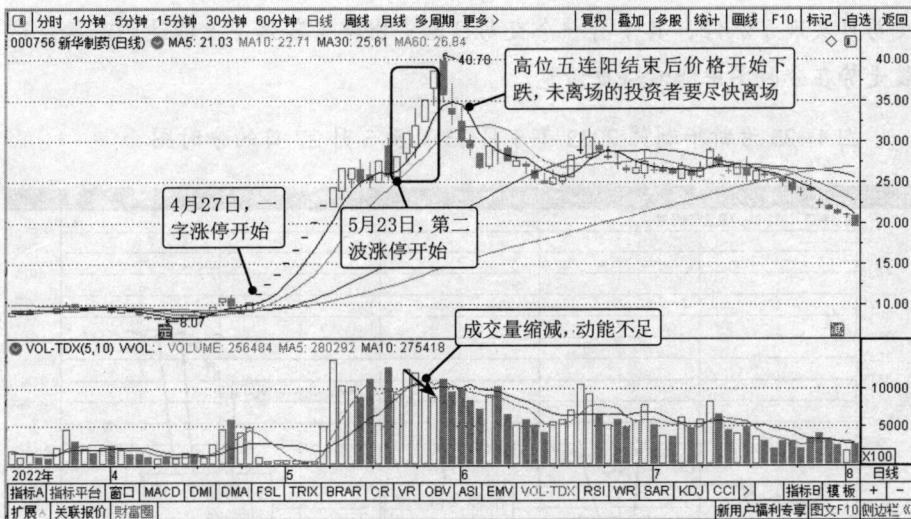

图 1-24 新华制药 2022 年 3 月至 8 月的 K 线图

主力的介入痕迹在新华制药的这段股市走势中展现得特别明显，从 2022 年 3 月至 4 月的走势就可以看出来，前期还在 10.00 元价位线附近横盘震荡的股价，在新华制药定增股（会在后面的小栏目中进行解释）上市后突然开始上升，并接连涨停。尽管有散户受到定增股上市刺激而追涨，但主力的影响力显然更为直接。

从 4 月 27 日开始，该股便出现了连续的八个一字涨停，在开板后继续涨停了两个交易日后，进入了整理阶段。此时价格已经被推到了 25.00 元价位线上，相较于拉升起始的 10.00 元左右，涨幅达到了 150%，而如此惊人的涨幅是在半个月左右的时间内实现的。

依照常理,在开板后应当有大量获利盘卖出离场,价格会产生一定幅度的下跌,但新华制药没有,只是在 25.00 元价位线之上横向运行,很明显有主力在维持现状,那么后市很可能还有一波上涨。不过这波上涨就比较危险了,没有人知道上涨的尽头在哪儿,下跌的初始又在哪儿,因此,想要继续追涨的投资者,一定要牢记止盈止损原则。

从 5 月 23 日开始,该股又出现了连续的涨停,但没有像之前那样直接封板,而是在盘中逐步推涨,直至收盘涨停。在这五个交易日中,只有四个交易日实现了涨停,其中有一个交易日盘中出现了震荡,没能达到涨停。这段走势在分时图中能看得更清楚。

图 1-25 为新华制药 2022 年 5 月 23 日至 5 月 27 日的分时图。

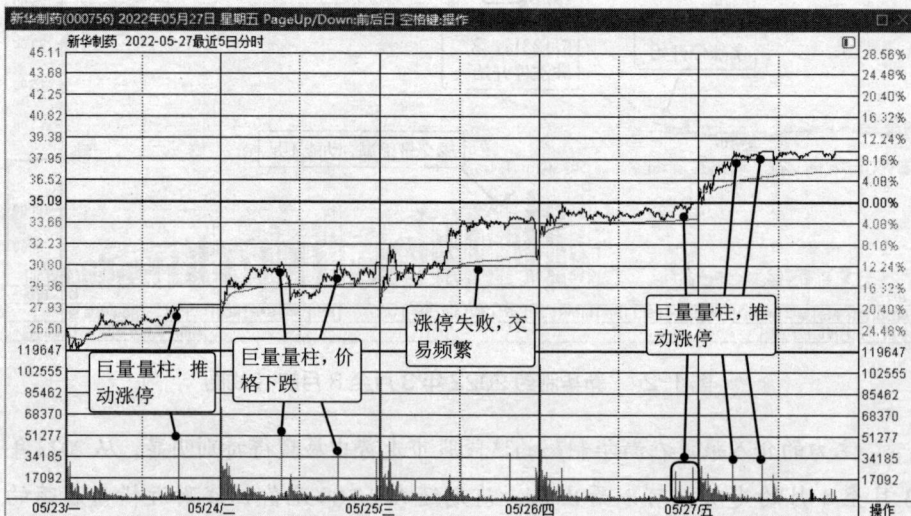

图1-25　新华制药 2022 年 5 月 23 日至 5 月 27 日的分时图

从连续五天的分时走势可以看出,涨停日的封板几乎都是在尾盘进行的,盘中交易非常频繁。仔细观察成交量柱,可以看到有许多单根巨量量柱出现,而这些巨量量柱出现后,价格或是大幅下滑,或是迅速上涨乃至涨停。

这意味着主力在分批散出筹码的同时,还在适当的位置投入资金带动价格上涨，刺激市场追涨。

回到 K 线图中，这五根阳线还构成了高位五连阳形态，在此期间，成交量逐步下滑，没有给予足够动能。综合以上因素，投资者基本可以得出一个结论：主力的推涨不再坚定，投入的资金在逐渐减少，只在适当的位置给予刺激，引导买盘加价。

那么，主力出货的目的就能很清晰地判断出来。此时理性的投资者不应再滞留场内，应尽快跟随主力分批出局，只有这样才既能适当增加收益，又能避开被套的风险。

从后续的走势也可以看到，在高位五连阳形成后，该股在次日就收出了一根跌幅达到 7.82% 的大阴线，后续更是接连下跌，几乎几天之内就将高位五连阳带来的涨幅消耗殆尽。

这就是明显的下跌初始了，不过该股跌势还不算凶猛，为投资者留下了一定的离场空间，如果是以连续跌停的方式开启下跌行情，那么投资者才是逃离无门。所以，遇到这种情况还是以止盈为佳，不要等到下跌后再止损。

拓展知识 *定增股是什么？定增股上市对股价有什么影响？*

定增股就是定向增发的股票，定向增发指的是向有限数目的资深机构（或个人）投资者发行债券或股票等投资产品。因其性质特殊，不向大众公开发售，因此定向增发也被称为"定向募集"或"私募"。

上市公司进行定向增发的原因和目的非常复杂，涉及上市公司内部结构调整、股东权益变动、投融资方向转变、资产并购重组等多方因素，对于非专业人士来说比较难理解。但投资者只需要知道一点，大部分的定向增发对股价的发展都是有利的，因为定向增发本质上是为公司融入了更多资金，扩大了公司规模，有利于公司效益的提升。同时，大股东的增加或增持有利于稳定股价，自下方给予支持，降低价格下跌的风险。

不过，上市公司的定向增发等动向属于基本面的变动，只做技术面分析的投资者可以适当关注，但不必将重心放在基本面分析上。一般来说，中长线投资者才会比较关注上市公司的基本面情况，短线投资者还是要更多地关注技术面，避免精力分散，导致两边都分析不到位。

三、整理阳线保持观望

整理阳线顾名思义就是代表市场即将进入整理阶段的阳线形态。这类阳线一般走势都比较缓和，市场在后续大多也只是进行浮筹交换，价格有所波动，很快就会回归到原有趋势之中。

No.11　连续小阳线或极阳线

形态图解

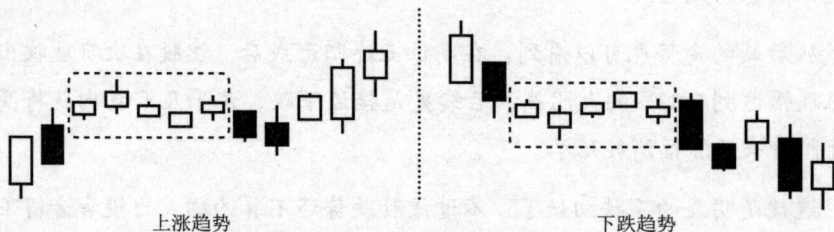

图1-26　连续小阳线或极阳线示意图

小阳线是指实体波动幅度在 0.6% ~ 1.5% 的阳线，极阳线是指实体波动幅度小于 0.5% 的阳线。连续小阳线或极阳线就是在一段价格波动幅度极小的区域内密集形成的。

操盘法则

连续小阳线或极阳线其实并不是一种形态，而是 K 线的一种状态，当小阳线或是极阳线在一段时间内集中出现，并且有导致趋势走平的迹象时，这些阳线就会结合发出整理信号。

在上涨趋势中，小阳线和极阳线代表的是股价上涨受到阻碍，空方在发力压价，行情需要一段调整才能继续上涨，投资者可根据自身操盘策略决定去留。

在下跌趋势中，小阳线和极阳线是多方反抗出现成效的表现，但由于买盘力量有限，无法真正推动价格上涨，因此行情大概率会横向或小幅反弹一段时间，随后再度进入下跌，这时投资者就应以及时出局为佳。

重点提示

◆ 连续小阳线或极阳线并不意味着数个交易日甚至数十个交易日的整理阶段中全部都需要收出阳线，只要小阳线或极阳线出现得比较多，能看出连续性，那么整理信号就不受影响。

◆ 当整理阶段末期出现实体较大的K线彻底突破压力线或支撑线时，代表整理阶段结束，新一波行情即将延续之前的行情，投资者可继续操作。

实盘解读

昊华科技（600378）连续小阳线或极阳线分析

图1-27为昊华科技2019年7月至10月的K线图。

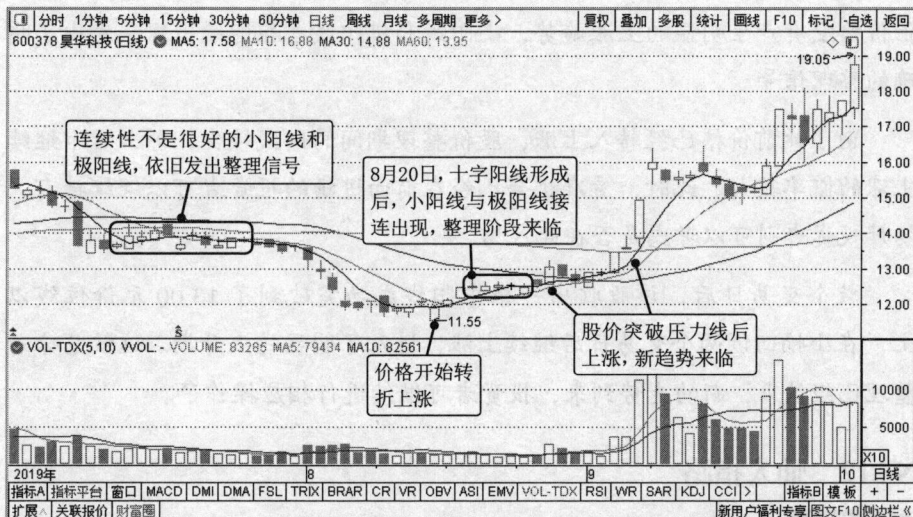

图1-27 昊华科技2019年7月至10月的K线图

在昊华科技2019年7月至10月这段时间的股价走势中，连续小阳线或极阳线预示整理的状态其实出现了两次，并且刚好分别位于下跌和上涨过程中，比较符合技术形态的位置要求，只是下跌过程中的连续小阳线或极阳线状态不是很好，下面来逐一进行分析。

从图1-27中可以看到，在7月初，该股的下跌趋势是比较明显的，价格一路从16.00元价位线附近跌至14.00元价位线以下，虽然在多方的反抗中形成了一定幅度的反弹，但幅度实在太小，看起来更像是横向整理。

在此期间，K线连续收出了多根小阳线和极阳线，但由于众多中阳线和阴线的存在，小阳线和极阳线的连续性不是很好，不过依旧能传递出明显的整理信号。已经被套的投资者可以考虑在此阶段止损出局，场外投资者则最好保持观望，不要轻易入场。

到了7月底，该股的横盘终于维持不住，开始快速收阴下跌，从14.00元价位线附近来到了12.00元价位线上，在底部停留一段时间后收阳上涨，形成了趋势的转折。

8月20日，该股上涨至13.00元价位线下方后受阻，K线收出一根十字阳线，说明上方有压力。在后续的几个交易日中，K线始终维持着小幅收阳，但价格没有产生明显的上涨趋势，小阳线和极阳线也在连续出现，发出了明确的整理信号。

由于此前价格已经转入上涨，股价整理期间的阴线较少，那么后市继续上涨的概率较大。此时，看准机会已经在前面进场的投资者可以继续持有，场外投资者则可以考虑是否在此入场。

数个交易日后，该股收出一根中阳线成功突破到了13.00元价位线以上，在小幅回调两个交易日后继续上涨，进入了明显的上升期。这就意味着整理已经结束，新的走势到来，投资者可继续进行相应操作了。

No.12　仙人指路

形态图解

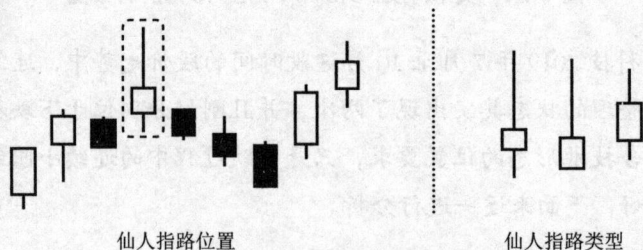

仙人指路位置　　　　　　　　　仙人指路类型

图1-28　仙人指路示意图

仙人指路是在上涨趋势中的阶段顶部形成的整理形态，具体构成是一根带长上影线的实体相对较小的 K 线，原本是可阴可阳，但本节重点介绍其阳线的状态。

操盘法则

一般来说，仙人指路预示的是上涨走势中的回调或整理阶段，那么在其之前就需要一段明显的上涨来积累获利盘的抛压，然后在仙人指路的位置集中释放，使得价格产生波动。

有的投资者会发现，仙人指路与流星阳线特别相似，不过流星阳线的要求更严格，它需要下影线极短或直接消失，像一颗拖曳尾巴的流星。

而仙人指路对下影线则没有太多要求，研判重点在其上影线的最高点上。之所以叫仙人指路，就是因为上影线所指的位置就是后续上涨会遇到的压力线位置，并且也是大概率能够突破的位置。

因此，投资者在遇到仙人指路时，首先要判断的就是当前行情如何，还有没有上涨的可能，其次就是决定在何处买进。比较激进的位置是在股价回调的底部，稳健一点儿的位置是在仙人指路"手指尖"被成功突破的时刻，投资者需要有自己的决断。

重点提示

◆ 不对下影线有太多要求并不意味着下影线要多长有多长，仙人指路的下影线短于上影线最好，整根阳线最显眼的部分应当是上影线。

◆ 仙人指路的实体也不要太大，中阳线及以下比较合适。

◆ 仙人指路上影线的最高点应当也是当前价格波峰的最高点，其后的 K 线最高价需要有所下降。

实盘解读

景嘉微（300474）仙人指路分析

图 1-29 为景嘉微 2021 年 8 月至 11 月的 K 线图。

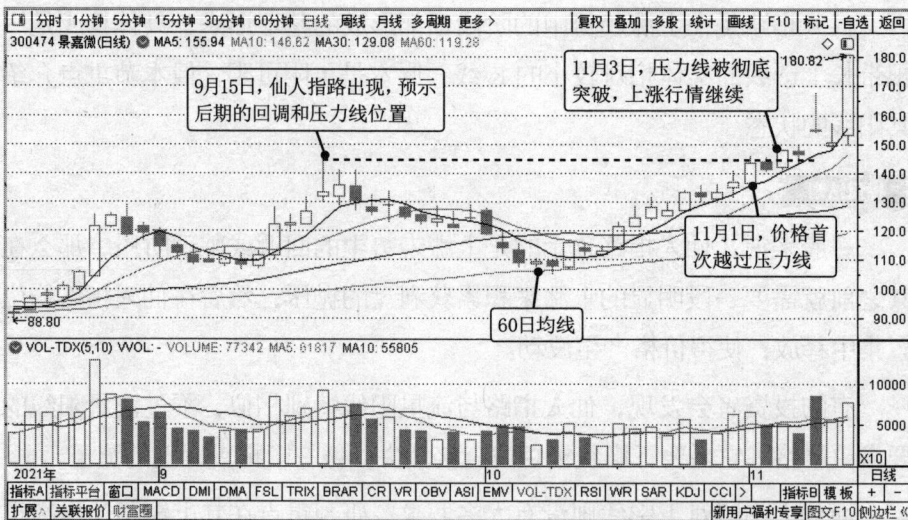

图1-29 景嘉微2021年8月至11月的K线图

从均线的状态和K线的走势可以看出，景嘉微正处于股价上升趋势中，并且趋势相对稳定，在此阶段中形成的仙人指路将更加有效。

2021年8月至9月，该股正在呈波浪式上涨，在逐浪升高后，来到了130.00元价位线以上。9月15日，股价在开盘后迅速上冲，但遇阻后回落，最终以稍高于开盘价的价格收盘，当日收出了一根带长上影线的小阳线，最高价为144.86元。

此时还不能将这根小阳线认定为仙人指路，但投资者可以对其保持关注。在后续的走势中，股价逐步下降，进入了回调阶段，并且高点都没有越过9月15日的上影线顶点，低点也在60日均线附近得到了支撑，说明该股后市还有上涨空间，仙人指路的信号确定，激进的投资者可以在底部买进了。

10月中旬，新一波上涨开始，股价在稳定的涨势中逐渐接近了144.86元的仙人指路"手指尖"。11月1日，K线收出的一根阳线最高价达到了146.18元，首次越过了仙人指路"手指尖"，但次日却收阴整理了一番，在11月3日才彻底突破到压力线上方，回归到上涨轨道之中。

此时，还在场外观望的谨慎投资者可以选择合适的时机买进，抓住后续涨幅，场内投资者也可以适当加仓。

No.13 前进停顿三兵

形态图解

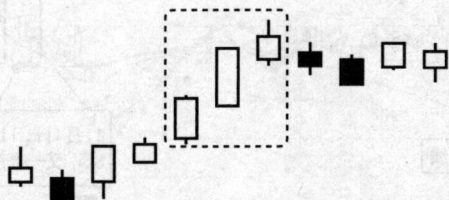

图1-30 前进停顿三兵示意图

前进停顿三兵是前进三兵的变种形态，同样由三根交错咬合、几乎不带上下影线的阳线构成，但最后一根阳线的实体相对较小，并且带有一定长度的上影线，表现出一种升势停顿的状态。

操盘法则

前进停顿三兵与标准的前进三兵含义有所差别，标准的前进三兵由于阳线实体较长，并且几乎没有影线，预示的是市场追涨情绪高昂，股价大概率会积极上涨。

但前进停顿三兵不同，最后一根阳线很明显是买盘追涨情绪缓和，卖盘抛压剧增导致的，后期股价的涨势将停顿一段时间，那么该形态预示的就是上涨期间的回调或整理。

如果前进停顿三兵的第三根阳线上影线够长，实体够小，甚至还能单独当作仙人指路使用，形态就具有两种功能和双重加强信号。

但不管是否能够将第三根阳线认定为仙人指路，投资者的操作策略都以先行出局为佳，避免行情已经到了尽头，出现类似于高位五连阳的情况，导致筹码被套。

实盘解读

潞安环能（601699）前进停顿三兵分析

图1-31为潞安环能2022年8月至11月的K线图。

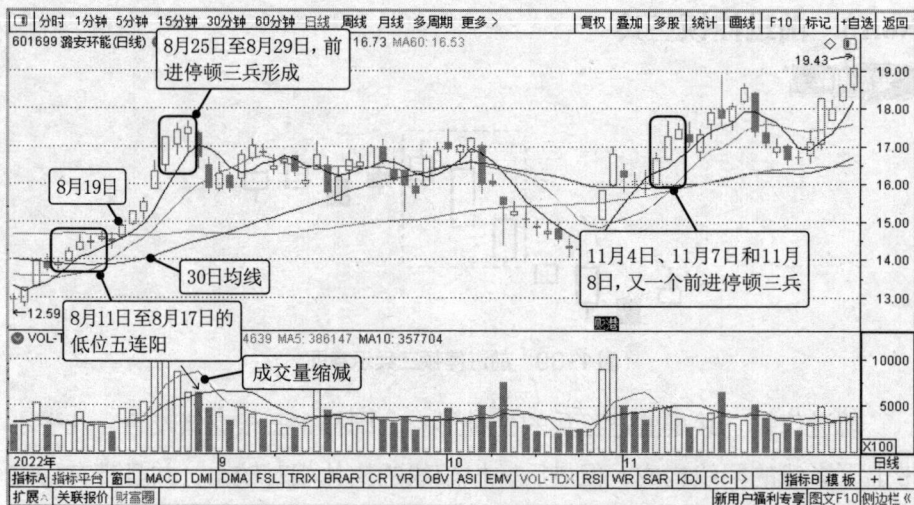

图 1-31　潞安环能 2022 年 8 月至 11 月的 K 线图

在潞安环能的这段股价走势中，8 月的股价涨势是最积极，也是最稳定的。从均线的状态可以看出，该股也是刚从一段下跌中恢复过来，30 日均线都没来得及完全转向。

不过从低位回升后，K 线收阳速度很快，也很频繁。8 月 11 日至 8 月 17 日还形成了一个低位五连阳，不过阳线实体都比较短，到后面几根阳线时上涨速度还有所减缓，买入信号存在但不强烈。

从 8 月 19 日开始，该股收阳的幅度加大不少，并且阳线实体越来越大，市场积极性较高。8 月 25 日，该股高开高走后收出了一根涨幅达到 5.63% 的大阳线，将价格抬高到了 17.00 元价位线以上。

在后续两个交易日中，尽管阳线都能够实现互相咬合，但阳线实体一天比一天短，并且上影线也开始拉长，最高价呈弧线减缓上升角度。这说明买盘助涨力度开始衰弱，这一点从成交量的不断缩减也可以看出。那么，此处的三根阳线就基本可以认定为前进停顿三兵，后市即将面临的也不是上涨，而是时间不定的整理。

从前进停顿三兵形成后的走势可以看到，该股很快出现了收阴下跌，但 16.00 元价位线提供了支撑。随后，股价便长时间在 16.00 元至 17.00 元进行横向震荡，其间暂时无法判断未来走向如何，投资者最好离场观望。

10月中旬，股价整理完毕，却进入了下跌之中，不过10月下旬价格在14.00元价位线附近得到支撑回升，再度进入上涨之中。

在波动上涨期间，K线又一次形成了前进停顿三兵形态，也就是11月4日、11月7日和11月8日这三个交易日。但此次股价的停顿并不久，数日之后就恢复了上涨。尽管回调依旧在11月下旬到来，但消耗时间和深度远不如上一次，因此，已经出局的投资者可考虑在回调底部继续买进。

四、特殊阴阳线结合用法

在股价运行过程中，K线形成的特殊买卖形态非常多，其中不仅有前面介绍过的阳线形态，更多的是由阴阳线结合而成的形态。本节就将重点介绍部分常见的阴阳线结合形态，帮助投资者拓展知识面。

No.14　孕线

形态图解

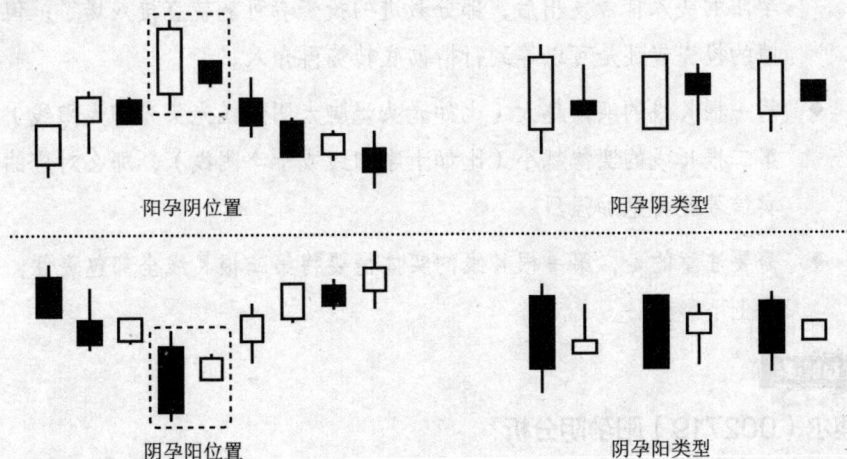

阳孕阴位置　　　　　　　　　　阳孕阴类型

阴孕阳位置　　　　　　　　　　阴孕阳类型

图1-32　孕线示意图

孕线是两种形态的统称，指的是前一根中K线或大K线的实体将后一根小实体 K 线完全覆盖住，形成的一种母子线形态。孕线包括阳孕阴和阴孕阳两种，前者由阳线包裹阴线，后者由阴线包裹阳线。

操盘法则

从孕线的技术形态示意图就可以看出，阳孕阴的位置一般在价格顶峰，也就是阶段高位或行情高位；阴孕阳的位置则相反，一般形成于阶段低位或行情底部。

二者释放的信号也截然不同。阳孕阴代表着涨势将尽，卖盘下压的力度较大，短时间内股价可能会形成一波下跌，卖出信号明确。如果前期涨幅较大，当前位置较高，那么该形态还有可能晋升为行情反转信号。

阴孕阳则是趋势由阴转晴的象征，第二根阳线代表着买盘开始更多地注入资金，后期股价有被拉涨的希望，短时间内的买入信号还是相对可靠的。如果前期价格经历了明显的下跌或底部盘整，再出现阴孕阳，那么后市行情转向也是有可能的。

重点提示

◆ 投资者买卖的位置可根据自身操作策略和风险承受能力而定，比如阴孕阳的买入信号发出后，部分激进的投资者可能就直接入场了；但谨慎的投资者还是可以等到行情彻底转势再介入。

◆ 第一根 K 线的实体越大（比如光头光脚大阴线或光头光脚大阳线），第二根 K 线的实体越小（比如十字阳线或十字阴线），那么对应的买卖信号就会愈加强烈。

◆ 需要注意的是，第一根 K 线的实体需要将第二根 K 线全部包裹住，包括上下影线。

实盘解读

麦趣尔（002719）阳孕阴分析

图 1-33 为麦趣尔 2022 年 11 月至 2023 年 2 月的 K 线图。

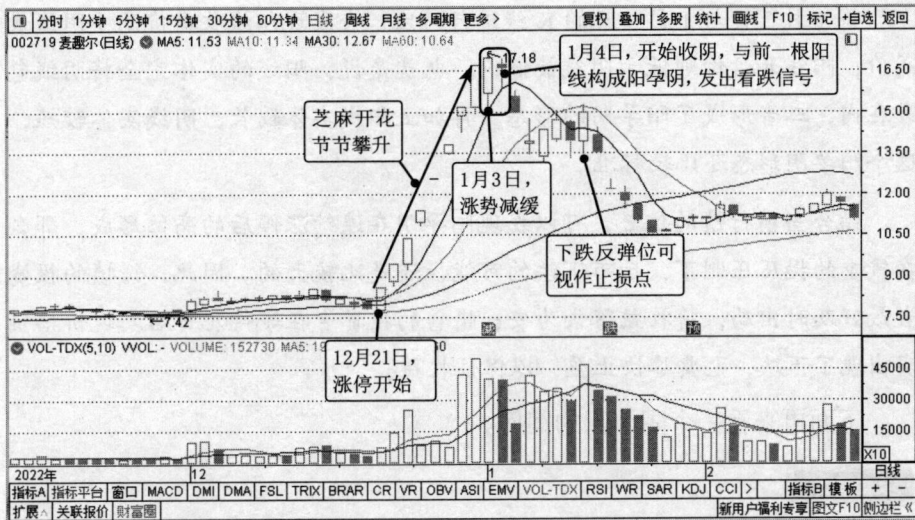

图1-33 麦趣尔2022年11月至2023年2月的K线图

从图1-33中可以看到，麦趣尔在2022年11月至12月中旬股价的走势相对平稳，整体在7.50元价位线上方小幅波动。尽管期间有比较明显的上涨，但上涨高度被限制在了9.00元价位线之下，市场积极性有待提高。

12月21日，多方在积累到一定程度后突然爆发，其中主要是主力在拉升，使得股价在开盘后不久就冲上了涨停板，随后封板直至收盘，当日收出一根光头光脚大阳线。在后续的走势中，该股又接连涨停了七个交易日，并且有一日是完全封板的，整体形成芝麻开花形态，将价格从9.00元价位线以下直接拉涨到了16.50元价位线以上，短期涨幅惊人。

由此可见，在此期间追涨的投资者必定不少，场内积累的获利盘也制造了较重的抛压，并批量在涨停结束的交易日释放，也就是2023年1月3日。当日股价以15.70元的价格低开后震荡高走，但卖盘积极性明显更强，再加上主力可能也在抛售，导致价格难以快速提升，当日涨幅由前一日的涨停缩减到1.56%，最终以16.98元收出一根长实体小涨幅的大阳线。

次日，该股以低价开盘后长时间震荡，多空双方在进行一段时间的竞争和博弈后，最终该股还是以16.60元的价格收出一根带长下影线的小阴线，最高价为16.96元，最低价为15.81元。

将1月3日与1月4日的K线进行对比，会发现阳线收盘价高于阴线最高价，阳线开盘价则低于阴线最低价。也就是说，阳线的实体完全将阴线包裹在内，二者形成了阳孕阴的形态。再加上阳线实体较长，阴线实体较短，这个阳孕阴形态还比较标准。

结合当前行情的位置，可以发现阳孕阴在连续涨停后的高位形成，那么在较重的抛压压制下，后市下跌的可能性还是比较大的。因此，谨慎的投资者最好及时出局，将收益落袋为安；惜售的投资者在等待几日后发现价格确实出现了下跌，也要尽快止盈，以保住收益。

下面再来看一个阴孕阳的案例。

实盘解读

联德股份（605060）阴孕阳分析

图1-34为联德股份2021年6月至10月的K线图。

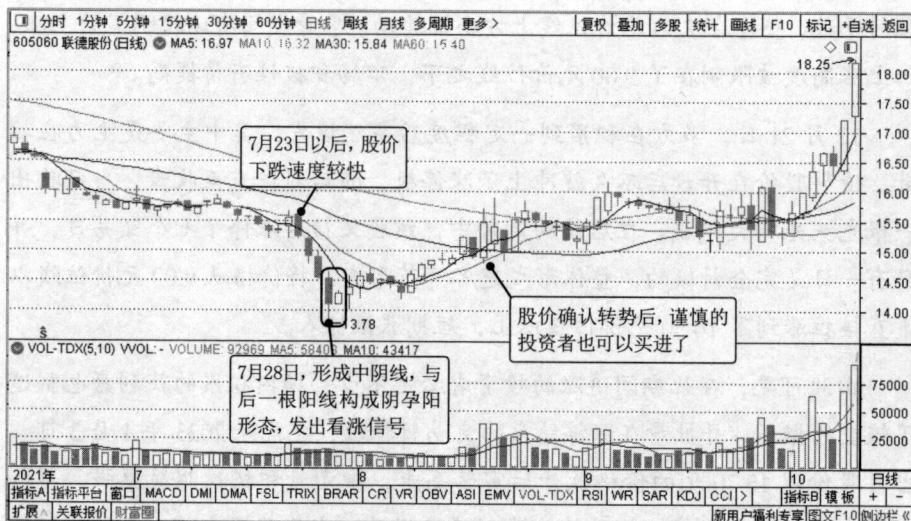

图1-34 联德股份2021年6月至10月的K线图

在联德股份股价前期的走势中，下跌趋势展现得十分明显，均线组合长时间压制在K线上方，并且股价的反弹几乎都没有有效突破10日均线，这就说明市场走势在短时间内将延续下去。

7 月 23 日，股价小幅高开后迅速低走，盘中走势低迷，当日收出一根实体较长的阴线。在后续的三个交易日中，该股都保持着持续的下跌状态，短短数日后，股价就从 15.50 元价位线附近跌至 14.00 元价位线以下。

7 月 28 日是股价下穿 14.00 元价位线的交易日，当日 K 线收出的是一根带长下影线的中阴线，开盘价为 14.53 元，收盘价为 14.09 元。次日，该股小幅回升，收出一根小阳线，最高价为 14.33 元，最低价为 14.10 元，正好被包裹在前一根阴线的实体之内，形成了阴孕阳形态。

该股在前期已经经历了比较长时间的下跌，再加上下跌幅度不小，那么此时形成的阴孕阳就有了一定的转势可信度，短时间内的上涨基本可以确定，不过谨慎的投资者还是可以再观察一段时间。

从后续的走势可以看到，该股确实在阴孕阳形态形成之后出现了阶梯式的上升，尽管涨速比较慢，但涨势还算稳定，投资者买进还是有很大概率赚取收益的，谨慎的投资者可在后续择机入场。

No.15 旭日东升

形态图解

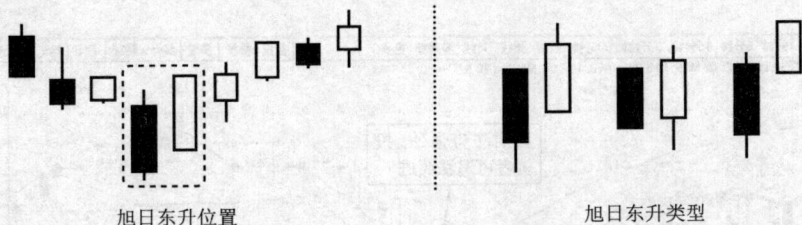

图1-35 旭日东升示意图

旭日东升由两根实体较长的 K 线构成，第一根为继续下降的阴线，第二根则为反转上升的阳线，二者的实体需要呈交错咬合状态。也就是说，阴线的开盘价要低于阳线的收盘价，阳线的开盘价则要高于阴线的收盘价。

操盘法则

旭日东升是一个非常形象的名字，阴线就像是一朵云，阳线则是从云层探出的旭日，预示着好天气的到来，这也说明市场即将回暖，是一个积极的买入信号。

一般来说，旭日东升形成于下跌行情的底部及阶段底部时，参考价值较高，传递的信号也更为可靠，尤其是当两根K线都是光头光脚的大K线时，看涨的信号将更强烈。不过这种极为标准的形态还是不太常见的，投资者不必过于追求绝对。

旭日东升的操作方式与前面介绍的阴孕阳类似，只是旭日东升的形态对趋势转折的预示更有效。不过需要提醒投资者还是要考虑到谨慎性原则，不能盲目冒进。

重点提示

旭日东升对两根K线的上下影线没有多做要求，但影线越短，实体越长，形态预示意义越有效。

实盘解读

阳光电源（300274）旭日东升分析

图1-36为阳光电源2022年11月至2023年2月的K线图。

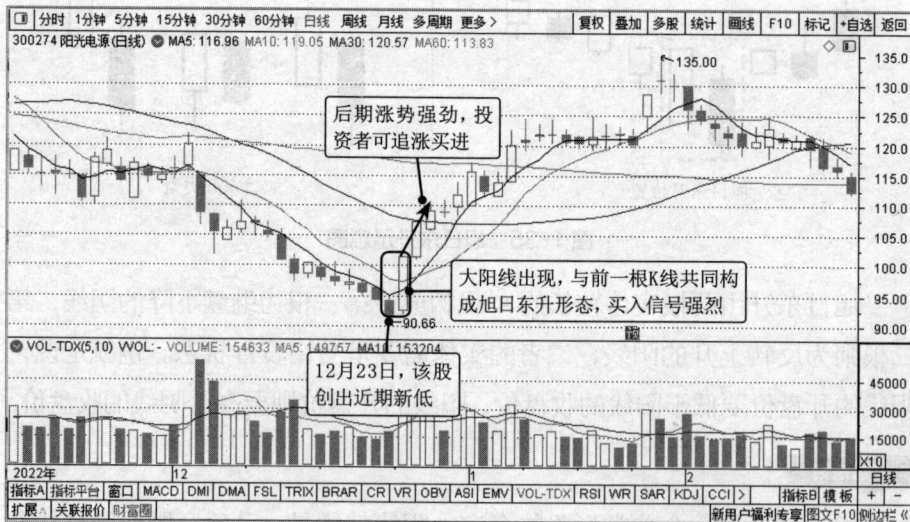

图1-36　阳光电源2022年11月至2023年2月的K线图

旭日东升形态起于价格低洼处，而阳光电源在 2022 年 11 月至 12 月中下旬的低迷表现，就比较符合旭日东升形态的前置条件。

原本在 11 月还能够稳定在 115.00 元价位线附近横盘的股价，在进入 12 月后就出现了快速的下跌，在 12 月 23 日跌出了 90.66 元的低价。不过在 12 月 23 日的新低形成后，该股于尾盘形成了小幅的回升，收盘价为 91.56 元，说明股价还是有一定转折可能的。

次日，该股以 92.57 元的价格高开后一路震荡高走，盘中买方积极性比较高，推涨力道强劲，最终以 101.48 元的价格收盘，当日收出一根实体非常长的大阳线。

将其与前一根阴线结合来看，可以发现它们符合旭日东升的技术形态要求，虽然第一根阴线的实体较小，但由于第二根阳线的涨幅超过了 10%，该形态的看涨信号还是相当强烈的。因此，此时许多激进的投资者都会选择直接追涨买进，谨慎的投资者若希望稳健一些，再观察几个交易日也是可以的。

从后续的走势可以看到，该股在旭日东升形成后直接就进入了拉升之中，短短两个交易日后就将价格从旭日东升顶部的 100.00 元价位线左右拉到了 110.00 元价位线附近，说明上升趋势已经确定，那么谨慎的投资者也可以抓住时机买进，持股待涨了。

拓展知识 *股票的单日涨跌幅限制规则*

很多投资者应该都知道，在主板市场中交易的股票，除了首日上市的新股、ST 股和 *ST 股（单日涨跌幅被缩减到 5%）以外，单日涨跌幅限制都是 10%。但有些新入市的投资者可能就会疑惑了，上面这个案例所说的旭日东升中的阳线，单日涨幅超过了 10%，这合理吗？

当然合理，因为上述案例中的阳光电源并不是在主板市场上市交易的，而是在人们常说的二板市场，也就是创业板上市交易的，创业板股票的单日涨跌幅限制为 20%。投资者仔细观察就会发现，主板市场中的股票代码都是以 "600" 或 "000" 开头的，而阳光电源的股票代码是 "300274"，这个 "300" 就是创业板股票的标志。与创业板股票涨跌幅限制一致的还有科创板的股票，同样是 20%，科创板股票的代码则以 "688" 开头。

No.16 反击顺沿线

形态图解

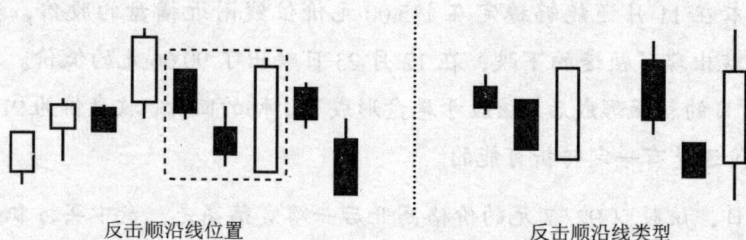

图 1-37 反击顺沿线示意图

反击顺沿线位置   反击顺沿线类型

反击顺沿线是由三根 K 线构成，前两根都是渐次下降的阴线，最后一根阳线需要拔地而起，将前面两根阴线完全吞没，达到反击目的。该形态对阴线的要求并不多，关键在于最后一根阳线的整体长度，需要能够完全覆盖住前面两个交易日产生的所有价格。

操盘法则

反击顺沿线形成的位置一般在价格波峰的右侧，也就是股价见顶后开始下滑的位置，但有时候也会在反弹高位出现。两根阴线代表着空方的下压，阳线则代表着多方的强烈反弹，或是主力的再次拉高，看似是又一波拉升的起始，实则是主力借高出货的手段。

其实单从反击顺沿线来看，很难判断出后市到底是拉升还是出货，但如果投资者足够细心、耐心，就能够从成交量、分时走势和交易数据等方面分析出其中差别，达到及时跟随逃离、保住收益的目的。

在判断出后市走向、确定主力意图后，投资者就要尽快借助形态中阳线的拉高走势，及时在高位抛售，随后出局观望。

重点提示

◆ 反击顺沿线只需阳线整体覆盖住前两根阴线即可，但如果仅靠实体就能实现覆盖，那么形态将会更加标准。

◆ 有时候反击顺沿线中的阳线长度足够，甚至可以覆盖住前面好几根

K线，其中可能包含阳线。不过只要与之相邻的两根K线是阴线，就不影响形态的成立。

实盘解读

江龙船艇（300589）反击顺沿线分析

图1-38为江龙船艇2020年9月至2021年2月的K线图。

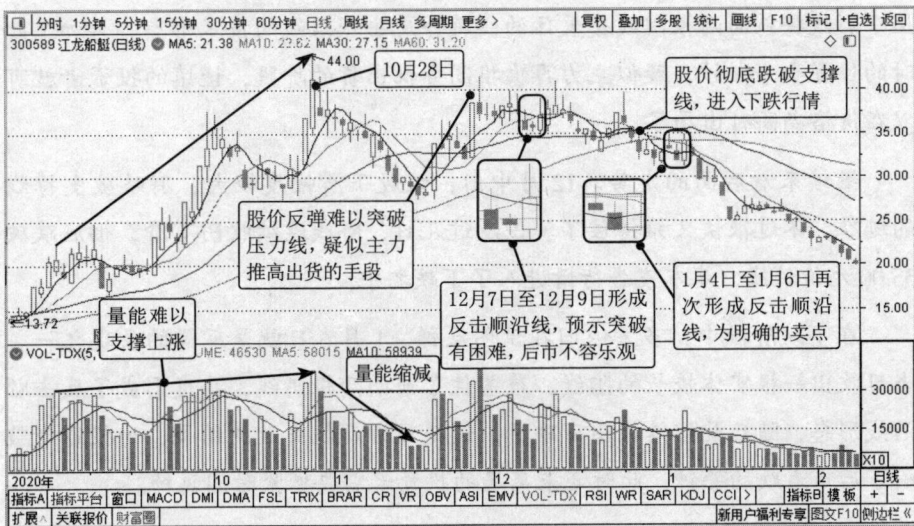

图1-38 江龙船艇2020年8月至2021年2月的K线图

图1-38展示的是江龙船艇一段完整的股价涨跌周期。2020年8月至10月，股价的涨势都十分积极，只是到了后期，成交量放量的幅度逐渐跟不上价格上涨的速度，在支撑力不足的情况下，行情有见顶的可能。

这一推论在10月底得到了证实，10月28日，该股在经过一整日的攀升后创出44.00元的新高，但在尾盘冲高回落，最终收出一根带长上影线的大阳线。在后续的交易日中，K线频频收阴，价格在震荡中开始下跌，量能也急速缩减，趋势有转折的趋势，但此时还无法完全确定。

11月中旬，股价跌至前期低点后得到支撑，随后大幅收阳开始回升。K线收出一根实体极长的大阳线，将前面数根K线一同吞没，尽管不是反击顺沿线，但信号是类似的，这说明新一波上涨或反弹即将来临。

从后续的走势可以看到，该股在向上运行到 40.00 元价位线附近后就显示出了突破困难的情况，股价长时间在 35.00 元价位线的支撑下试探上攻，但即使收出的 K 线上影线再长，都无法彻底突破 40.00 元价位线的压制。整段走势疑似主力刻意将价格维持在高位，随后分批出货导致的。

在此期间 K 线收出过大量阳线，其中就有一根带长上影线的阳线与前两根阴线构成了反击顺沿线形态，那就是 12 月 9 日的阳线。这根阳线是用上下影线将前面两根阴线覆盖住的，符合反击顺沿线的技术形态。再加上此时的位置十分微妙，疑似主力再次推高分批出货的阶段，谨慎的投资者就可以在价格尚高时出局了。

继续来看后面的走势。12 月中旬，该股下滑幅度较大，有跌破支撑线的迹象，不过很快又维持住了。但没过几日，K 线连续收阴下滑，彻底跌破 35.00 元价位线，基本宣告行情进入了下跌之中。

在下跌阶段中，多方依旧在试图反弹，1 月 6 日就是反弹的表现之一。当日收出一根实体较长的阳线，覆盖住了前面两根阴线，再度形成了反击顺沿线形态，随后就继续收阴下跌了。这是多方反抗失败的结果，为投资者敲响了后市看跌的警钟，此时还未离场的投资者需要抓紧时间离场。

第二章

不同周期的阳线应用

阳线的周期主要跟随K线的周期而变化，当K线的周期由日线变为周线，那么投资者使用的就是周阳线，以此类推。不同周期的阳线在用法上有所差别，传递的信息也各不相同，投资者需要学会使用这种特别的应用方式。

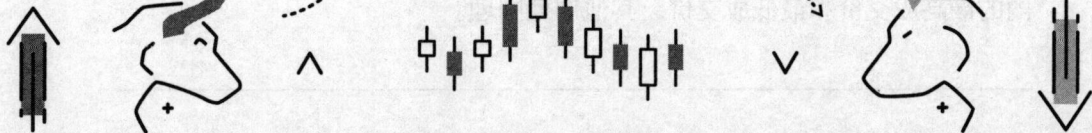

一、超短分钟阳线如何使用

使用超短分钟阳线，需要将 K 线周期调整为以分钟为单位，在拉长 K 线走势的同时，能够更细致地观察到分钟周期内股价的变化，适合短线和超短线投资者使用。

那么，如何调整 K 线周期呢？下面以通达信炒股软件为例来进行介绍。投资者打开任意个股的 K 线图后，界面左上方会显示周期信息，投资者只要选择相应的选项，就能快速切换 K 线周期。单击周期信息右侧的"更多 >"下拉按钮，在弹出的下拉菜单中还有更多周期供选择，图 2-1 为 K 线周期的切换方式。

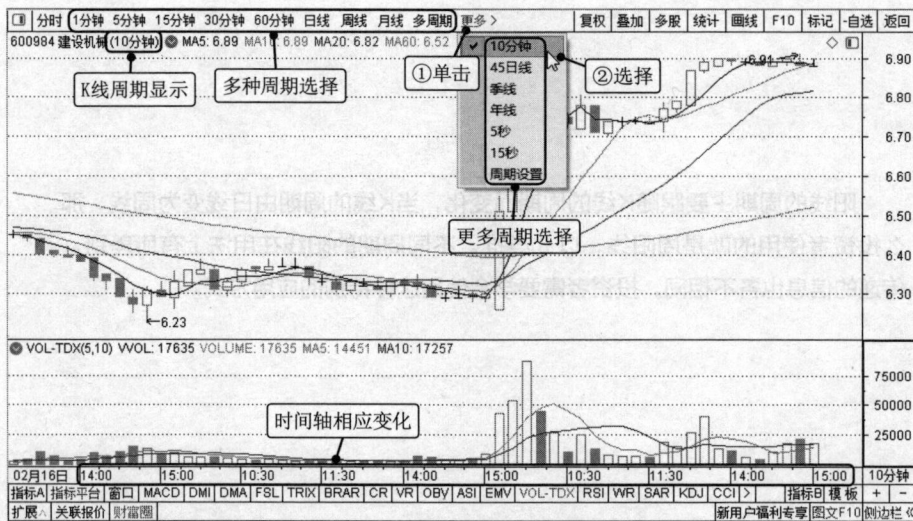

图 2-1　K 线周期的切换方式

切换成功后，K 线图就会以对应时间周期进行显示，并且许多数据的计算规则都与日 K 线一致。

比如将日 K 线切换为 10 分钟 K 线后，每一根 K 线记录的就是每10 分钟内股价的变化情况，开盘价是这 10 分钟内的第一笔成交价格，收盘价是这 10 分钟内的最后一笔成交价格，最高价和最低价则是这 10 分钟内的最高成交价和最低成交价，其他周期同理。

下面就针对分钟 K 线中阳线的用法进行解析，帮助投资者完成买卖。

No.01　10 分钟阳线连续形成

形态图解

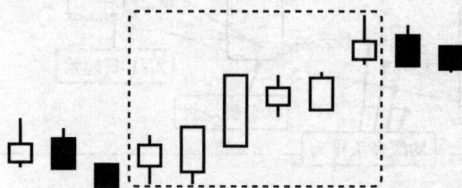

图 2-2　10 分钟阳线连续形成示意图

10 分钟阳线连续形成指的是以 10 分钟为周期的阳线，在某段时间内连续形成，整体类似于五连阳或多连阳的形态。

操盘法则

一个交易日的交易时间为 4 个小时，也就是说，将周期切换为 10 分钟后，每个交易日的 10 分钟 K 线一共有二十四根。由此可见，10 分钟 K 线的波动速度要比日 K 线快很多，有时候会连续收出数根阳线，有时候又出现阴阳线不断交错震荡的情况，不确定性很强。

那么，能够在一段时间内连续形成 10 分钟阳线，就说明这几十分钟内买盘推动力相当强劲，短期涨势能够明确，后期继续高走的可能性也存在，投资者就可以趁机在某一时刻追涨买进，达到建仓或加仓目的。

重点提示

◆　由于 10 分钟阳线周期太短，比较适合超短期做 T 的投资者，以及部分希望寻找精准买卖点的短线投资者，中长线投资者和长线投资者不必追求如此精确的分析。

◆　投资者在使用时要注意两个交易日之间的衔接，有时候会因为跳空高开或低开而产生较大断层。

实盘解读

东旭蓝天（000040）10 分钟阳线连续形成解析

图 2-3 为东旭蓝天 2023 年 2 月 9 日至 2 月 13 日的 10 分钟 K 线图。

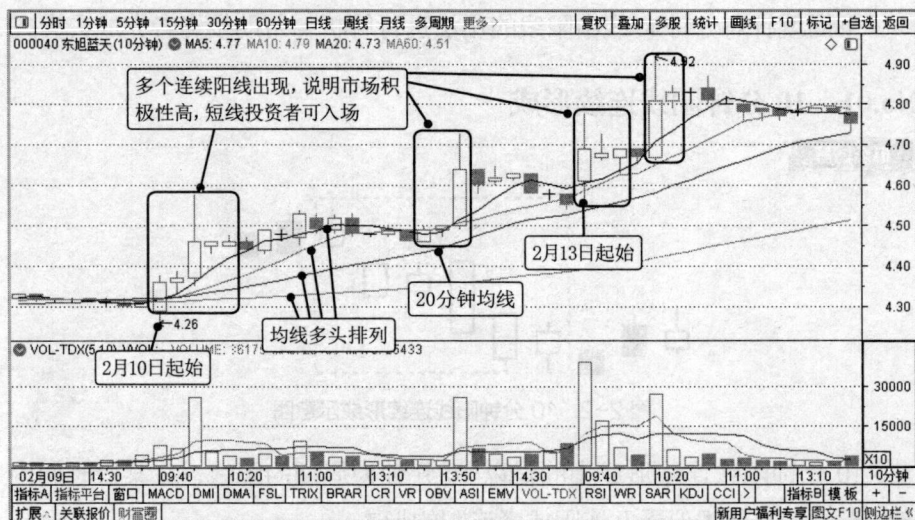

图2-3　东旭蓝天2023年2月9日至2月13日的10分钟K线图

从图2-3中可以看到,尽管在这段走势中,东旭蓝天股价看似经历良多,实则只跨越了三个交易日,整段走势是从2月9日的13：50至2月13日的13：40。尽管时间不长,但其中展现的信息可不少。

在2月9日的下午时段,该股基本都维持在4.30元价位线上方横盘,只是在进入尾盘后小幅下滑。

2月10日开盘后,股价迅速上冲,连续收出五根10分钟阳线,最高达到了4.58元。这是买盘积极推涨的表现,这一点也能够从成交量的放量上得到证实,再加上均线的多头排列走势,后市看涨的可能性较大。短线投资者若在寻找买点,那么此时就是不错的选择。

继续来看后面的走势。连续阳线结束后,该股涨势减缓不少,数十分钟后小幅越过了4.50元,但很快便开始回落。不过,20分钟均线的支撑力充足,该股很快又回归了上涨,并且再度出现了连续收阳,短期涨幅与上一次不相上下,买点再次到来。在此之后,该股冲高回落,但没有跌破20分钟均线。

2月13日开盘后,连续阳线继续形成,虽然持续性不太好,整体呈阶梯式上涨,但传递的买入信号依旧存在,有需要的投资者还是可以谨慎跟进,注意及时止盈止损。

拓展知识 *什么是均线的多头排列*

很多投资者知道均线的概念，但对于多头排列可能就不太清楚了。

首先，均线全名为移动平均线，不同周期的均线会呈现出不同的走势。一般情况下，日K线图中使用的均线都默认为5日均线、10日均线、30日均线（或20日均线）和60日均线（K线的周期会相应影响均线的周期），周期越短的均线，与股价贴合度越高。

当股价上涨时，若均线呈现出短期均线在上，中长期均线在下，并且互相之间没有产生交叉的状态，就形成了多头排列。这是一种行情向好的标志，说明K线走势积极，能够将短期均线与中长期均线拉开距离。

No.02 30分钟阳线单根突破

形态图解

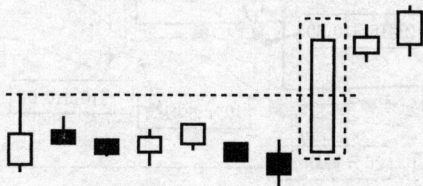

图2-4 30分钟阳线单根突破示意图

30分钟阳线单根突破指K线在前期某位置受阻回调后，某一时刻收出一根实体较大的30分钟阳线，一举突破前期高点（也就是压力位），并成功站到其上方。

操盘法则

30分钟K线相较于10分钟K线来说稳定性更强，一个交易日仅有八根30分钟K线。因此，30分钟阳线对压力线的突破就很关键了，这可能是下一波上涨的起始，同时也是市场看好个股的证明。

对于短线投资者来说，只要能够确定涨势，那么30分钟阳线单根突破的位置就很适合作为建仓点或加仓点，不过一定要注意冲高回落的可能性，毕竟分钟 K 线的波动速度比日 K 线快许多。

重点提示

操作期间投资者可以注意均线的走势，K 线在接近关键支撑均线时，变盘概率是比较大的。同时，投资者还要注意均线是否对 K 线形成了支撑，是否有转向的趋势。

实盘解读

中洲控股（000042）30分钟阳线单根突破解析

图 2-5 为中洲控股 2023 年 2 月 10 日至 2 月 17 日的 30 分钟 K 线图。

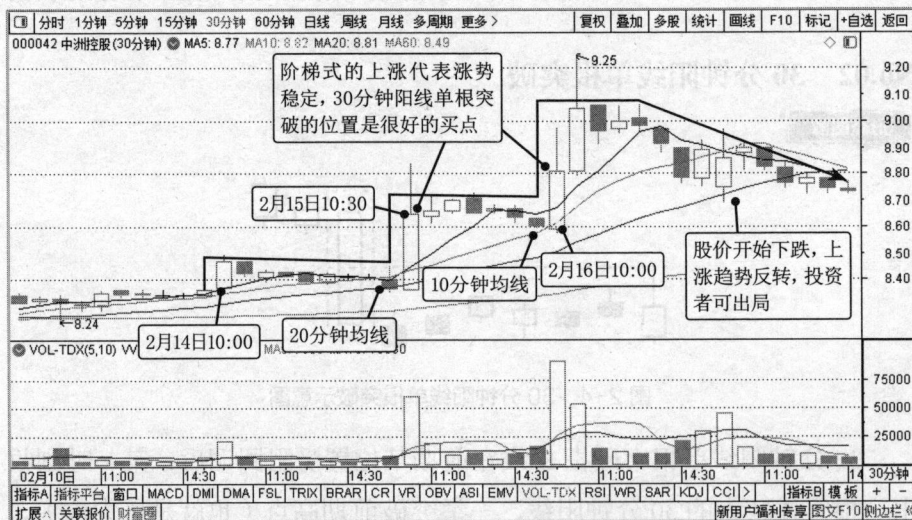

图 2-5　中洲控股 2023 年 2 月 10 日至 2 月 17 日的 30 分钟 K 线图

从中洲控股 2 月 10 日至 2 月 17 日这 6 个交易日的 30 分钟 K 线走势可以看到，股价的阶梯式上升状态十分明显，每一个台阶基本都是由一根长实体阳线和一众小实体 K 线构成的，规律性非常强，下面就来逐一解析。

第一个明显的台阶，也就是第一根突破压力线的 30 分钟阳线在 2 月 14 日 10：00。这根 30 分钟阳线不仅突破了 8.40 元压力线，还出现了小幅度的跳空，这说明短期的推涨力度较大，买入信号出现。

不过在此之后该股很快下滑，回落到 8.40 元价位线附近。在前期压力线被小幅跌破后，20分钟均线起到了关键支撑作用，不仅止住了股价的跌势，还帮助其再度大幅收阳，开启了第二个上涨阶梯。

2月15日10：30正是第二个阶梯的起始位置，这半个小时形成的阳线实体长度远超前一次，非常轻松地突破了压力线，阶梯高度也得到大大提升。那么，此处的买入信号就比前一次更强，短线投资者可择机入场。

阶梯雏形出现后，紧接着开始进行回调整理，形成阶梯的石面。此次的关键支撑均线变成了10分钟均线，K线在横盘接近10分钟均线后迅速变盘，再度在2月16日10：00收出一根长实体阳线，成功突破前期压力线，买点出现。

在其后半个小时内，股价继续收阳上冲，这就说明当日走势相当积极，投资者如果择机加仓，有机会扩大部分收益。

在后续的走势中，该股创出9.25元的近期新高后再次回落。刚开始的走势看似与前期形成阶梯石面的阶段类似，但随着股价下跌的速度越来越快，5分钟均线和10分钟均线也相继转向，阶梯式上升的状态被打破，下跌趋势开始形成，谨慎的短线投资者就要及时止盈出局了。

No.03 60分钟阳线巨量跳空

形态图解

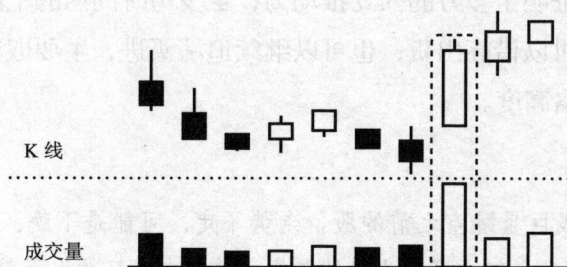

图2-6 60分钟阳线巨量跳空示意图

60分钟阳线巨量跳空指的是某一个小时内，股价在成交量集中放大的推动下迅速上涨，收出一根向上跳空的长实体阳线。该阳线可以是整体跳空形成缺口，也可以只是实体跳空。

操盘法则

某个交易日期间的 60 分钟阳线巨量跳空形成缺口的状态非常罕见，毕竟要在这些 K 线之间形成价格真空区域，短时间内买盘提价的幅度和时间要非常统一，才能达到这种效果。

举个简单的例子，某股在第一个小时内的最高价为 10.00 元，如果要形成跳空缺口，那么第二个小时的开盘价（第一笔成交价）和最低价都必须高于 10.00 元。而事实上，这两项条件都很难实现。因为同一时间盘中挂单的数量极大，要在"价格优先、时间优先"的交易规则下保证第一笔成交价格刚好高于 10.00 元，同时在第二个小时内没有任何人以低于或等于 10.00 元的价格交易，概率实在太低。因此，某个交易日期间的 60 分钟阳线巨量跳空基本不会形成价格缺口，而是仅以实体跳空。

但有一种情况可以实现价格缺口，那就是两个交易日的交错位置。比如第一天的最后一个小时收盘价为 10.00 元，第二天的开盘价就可以在集合竞价时段内大幅提高，甚至直接以涨停开盘，那么第二天第一个小时的 60 分钟阳线就有一定概率与第一天最后一个小时的 60 分钟 K 线形成价格缺口。

但无论何种缺口，何种跳空方式，60 分钟阳线能在巨量的支撑下向上跳空，就已经证明了多方的强劲推动力，至少短时间内的上涨趋势能够确定。投资者既可以借高出货，也可以继续追涨买进，主要取决于自身操作策略和当前价格高度。

重点提示

60 分钟阳线巨量跳空之前的股价走势不定，可能是下跌，也可能是横盘或缓慢上涨，研判关键在跳空当时的阳线，前期走势只是用于判断价格是否过高的辅助信息。

实盘解读

深纺织 A（000045）60 分钟阳线巨量跳空解析

图 2-7 为深纺织 A 在 2023 年 1 月 10 日至 2 月 6 日的 60 分钟 K 线图。

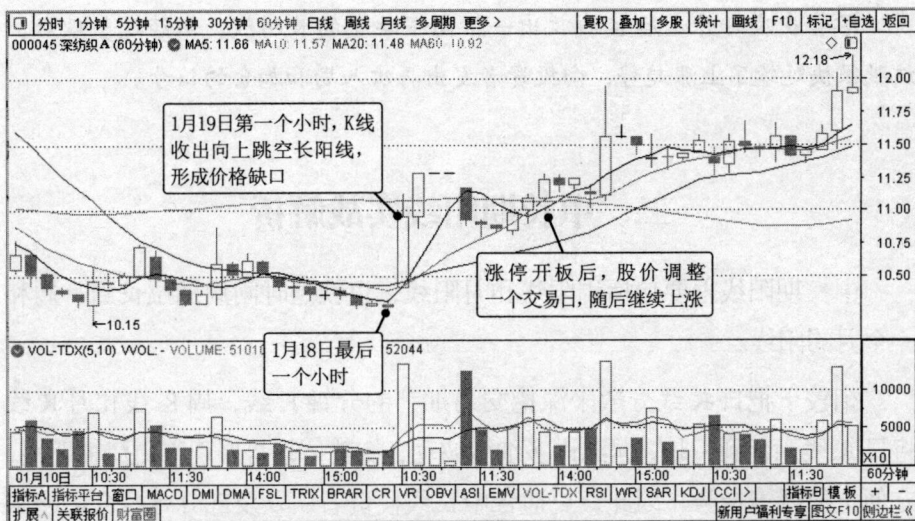

图 2-7　深纺织 A 在 2023 年 1 月 10 日至 2 月 6 日的 60 分钟 K 线图

从图 2-7 中均线的状态可以发现，在 1 月 10 日至 1 月 18 日这七个交易日内，股价刚从前期的一波下跌中恢复过来，开始在相对低位横向波动，波浪形状十分明显，但趋势性较弱，暂时难以判断后市走向。

到了 1 月 18 日收盘的最后一个小时，该股收出一根小幅下滑的小实体阴线，最高价为 10.32 元，开盘价为 10.29 元。

1 月 19 日开盘后的第一个小时，该股突然拔高价格，以 10.42 元的高价开盘后，在巨量成交量的支撑下迅速上冲，在第一个小时内达到了最高 11.13 元，最低价就是开盘价。第一个小时的积极走势结束后，K 线收出一根巨量光脚长阳线，与前一根小实体阴线之间产生了 0.1 元的价格缺口，确定了 60 分钟阳线巨量跳空形态。

在好几日维持低位震荡后突然出现 60 分钟阳线巨量跳空，无疑为相对低迷的市场注入了一剂兴奋剂。它代表着趋势拉升在即，就算不能维持太长时间，但对于短线投资者来说依旧是非常好的买点。

从后续的走势可以看到，该股在当日实现跳空缺口后继续大幅收阳上涨，最后甚至冲上了涨停板并封住，直至第二天开盘，仅仅一个交易日就能为投资者带来较高收益。

尽管在次日开盘后K线收出一根向下跳空的长阴线，但经过整理后，该股很快延续了上涨趋势，向投资者发出再次入场和加仓的信号。

二、中长期阳线实战解析

中长期阳线主要包括周阳线和月阳线，也就是时间周期拉长到一周和一个月的阳线。

相较于把日K线分散来深挖交易细节的分钟K线，周K线和月K线将日K线融合到一起，摒弃许多细微波动，使整体趋势展现得更清晰明朗，方便把握行情走势，因此，更适合中长线投资者，以及部分寻找合适趋势操作的短线投资者。

No.04　连续周阳线确定趋势

形态图解

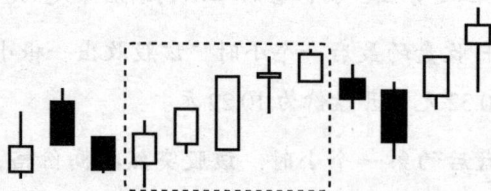

图2-8　连续周阳线确定趋势示意图

连续周阳线的状态很好理解，就是在某段时间内周阳线接连形成，其间可能偶尔会夹杂十字星线、十字阳线等K线，但只要连续收阳的状态不被打破，信号就不受影响。

操盘法则

连续的周阳线之所以能够确定趋势，自然来源于其稳定性。在没有其他因素，比如法定节假日导致休市的情况下，一周有五个交易日，也就是说，一根周K线能够代表五根日K线的走势。只要周K线表现为阳线，就意味着无论这五个交易日如何波动震荡，最终都是上涨的。

那么，连续的周阳线就意味着股价在经过几十个交易日的波动后，能够使场内大部分的短期盘获利，这段走势也能够确定为上涨趋势，对于后市有一定的预示作用。

一般来说，只要连续收出两根及以上的周阳线，激进一些的投资者就可以抓住时机买进了，当然在挂买单时还是要观察一下日 K 线图或分时图，寻找恰当的买点。当连续周阳线结束时，股价可能会回调到某条均线附近得到支撑，但也有可能反转进入下跌，因此，投资者要保持谨慎，严格遵守止盈止损原则。

重点提示

需要注意的是，连续周阳线并不是越多越好，也不是越大越好，要知道，股价在短时间内上涨得越高，后期反转下跌的速度可能就越快。一旦投资者盲目跟进，在高位追涨，那么被套的风险就会增加。

实盘解读

润禾材料（300727）连续周阳线确定趋势解析

图 2-9 为润禾材料 2021 年 3 月至 10 月的周 K 线图。

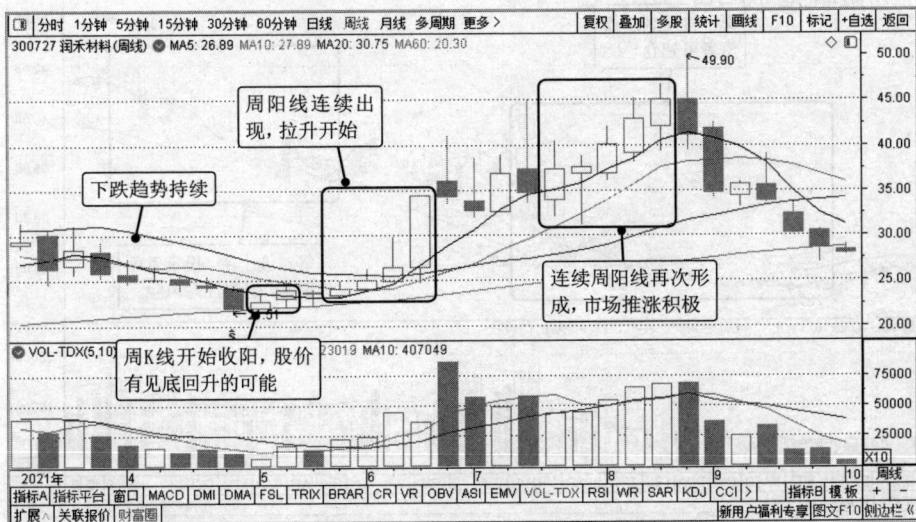

图 2-9　润禾材料 2021 年 3 月至 10 月的周 K 线图

周K线能展现的信息不多，但胜在综合性极强，这一点从润禾材料的周K线图中能很明显地看出。近7个月的走势，仅仅用三十二根周K线就能展示完全，非常方便投资者观察整体趋势。

2021年3月至4月，润禾材料股价的整体趋势是向下的，尽管其间也收出过阳线，但市场的反弹力量比较微弱，阳线无法延续下去。

这样的状态一直持续到了5月初，K线在第一周收出了一根阳线，代表着多方再度发力，不过刚开始的涨幅较小，阳线实体不大。第二周，K线继续收阳，这一次阳线的实体有所拉长，说明在此期间股价的涨速有一定程度的提升，再加上下方60周均线的承托作用，后市有上涨的概率，激进的投资者可试探建仓。

在后续的走势中，该股短暂整理了一周，形成一根十字阴线。但在此之后，K线就连续收出周阳线，并且实体明显逐渐拉大，成交量也在逐步放量，这就说明股价涨速越来越快，行情进入了拉升阶段，这一点在日K线图中能看得更清晰。

图2-10为润禾材料2021年4月至8月的日K线图。

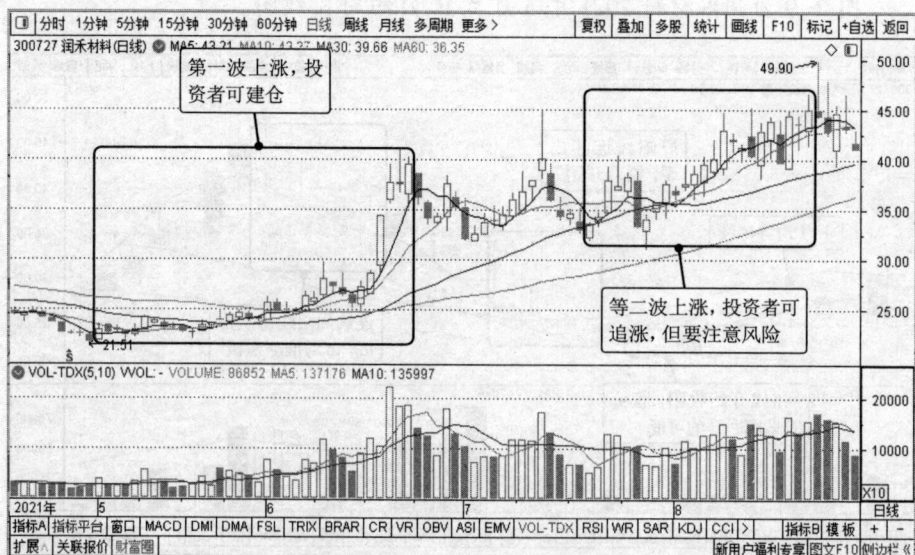

图2-10　润禾材料2021年4月至8月的日K线图

在日 K 线图中,该股在 5 月初的缓慢回升和 6 月期间的快速上冲展示得非常清晰,对于投资者来说,这就是明确的买入信号。

回到周 K 线图中,可以看到,该股在四周的上涨结束后,股价进入了震荡整理阶段,在五周均线的支撑下,股价并未产生明显下跌迹象,也就意味着后市还有上涨空间。

从 7 月中旬开始,该股又开始了连续收阳。此次的阳线实体相对前期更为均衡,并且收阳时间更长,其间只有一根阳线表现不太好,但不影响整体的上涨趋势,更不影响看涨信号的释放。

在日 K 线图中也可以发现,这段时间内日 K 线收阳的幅度有所加大,整体也更稳定了,投资者依旧可以择机追涨。不过到后期时股价涨势较高,场内投资者要注意及时止盈。

No.05 高位大实体周阳线

形态图解

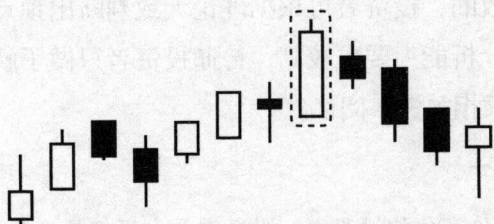

图 2-11 高位大实体周阳线示意图

高位大实体周阳线指的是在接近行情顶部或阶段顶部的位置,也就是在价格波峰的左侧形成的实体相对较长的周阳线,影线较短或没有。

操盘法则

既然周阳线出现在了价格高位,就意味着这很有可能是主力推高出货的手段,尤其是当周阳线实体相较于前期突然放大时,更能佐证这一点。但也有可能是上涨动能即将衰竭、行情可能转势的信号,具体体现在成交量的缩减等方面。

那么，投资者要怎样分辨出拉升期间的长实体周阳线和价格高位的长实体周阳线呢？

事实上，这是一项对投资分析能力要求较高的技术，普通投资者很难准确判断，这里介绍几种比较简单的方法。

观察成交量的变化。若在K线大幅收阳的同时，成交量没有形成相应的放大，那么上涨动能就有削弱乃至衰减的可能，后市走向堪忧。

进入日K线图中观察。日K线图中包含的信息更丰富，会有许多在周K线图中观察不到的细节，比如某段时间内成交量与股价之间的涨跌关系及日均线的细微转变等。

分析周阳线内某些交易日中的分时交易数据。分时交易数据是比较能够体现主力买卖过程的媒介，投资者能够从中窥见主力是否在进行买卖，每一次的交易对股价产生了何种影响，是否有借高出货的可能等。

借助波浪理论、江恩回调理论等分析。这两种经典理论对市场趋势的预测还是比较有效的，投资者可根据理论大致判断出顶点的位置和高度。不过这种方法对分析能力要求较高，普通投资者只做了解即可，感兴趣的投资者也可以搜索相关资料阅读。

重点提示

◆ 在判断股价高位的过程中，失误或是出错都是难免的，投资者要正视这一点，并及时挽回损失。

◆ 如果投资者误将高位大实体周阳线当作拉升阳线，那么在发现股价转势后就要及时离场；如果大实体周阳线本就是用于拉升的，投资者错将其当作见顶信号提前出局，那么只要能够确定后市涨势，后续在合适的位置再次买进即可。

实盘解读

冀东装备（000856）高位大实体周阳线解析

图2-12为冀东装备2021年10月至2022年6月的周K线图。

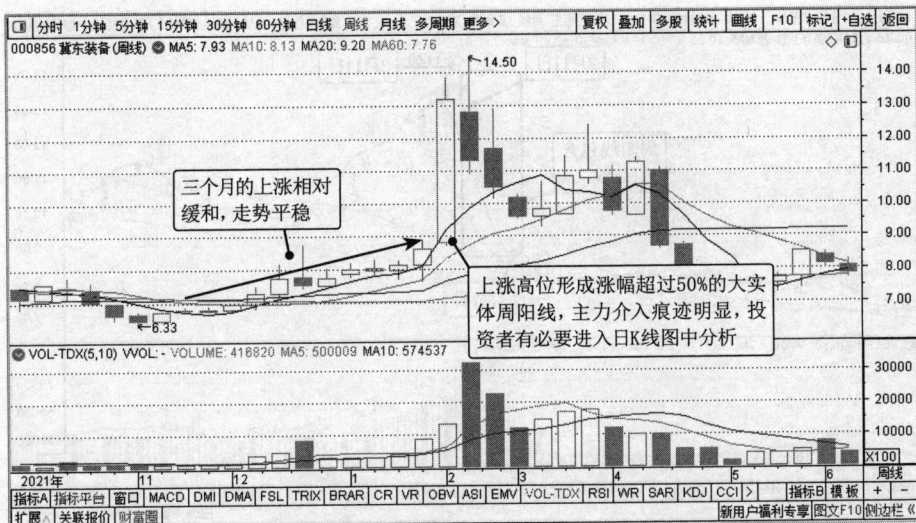

图 2-12　冀东装备 2021 年 10 月至 2022 年 6 月的周 K 线图

从图 2-12 中可以看到，冀东装备股价在经历了 2021 年 11 月至 2022 年 1 月三个月的攀升后，来到了 9.00 元价位线附近，相较于前期底部的 6.33 元，涨幅约为 42.18%。

但在进入 2 月后，该股在第一周就收出了一根实体极长的周阳线，单根涨幅就达到了 52.90%，比前期三个月的涨幅还要高，该阳线有成为高位大实体周阳线的可能。

原因很明显，单靠散户的力量，基本不可能达到短时间涨幅飙升 50% 的效果，那么就可以确定有主力参与其中进行急速拉涨，其意图无非是拉升到高位后借高出货。

毕竟当前位置相对较高，三个多月的时间，该股的涨幅已经积累到接近 95%。而事实上，许多主力在操作初始设置的目标涨幅也只有 50%，因此，冀东装备中的主力在此时出货也不突兀。

不过由于在周 K 线图中获取的信息较少，投资者还是需要进入日 K 线图中进行确认，进一步分析主力动向。

图 2-13 为冀东装备 2021 年 12 月至 2022 年 4 月的日 K 线图。

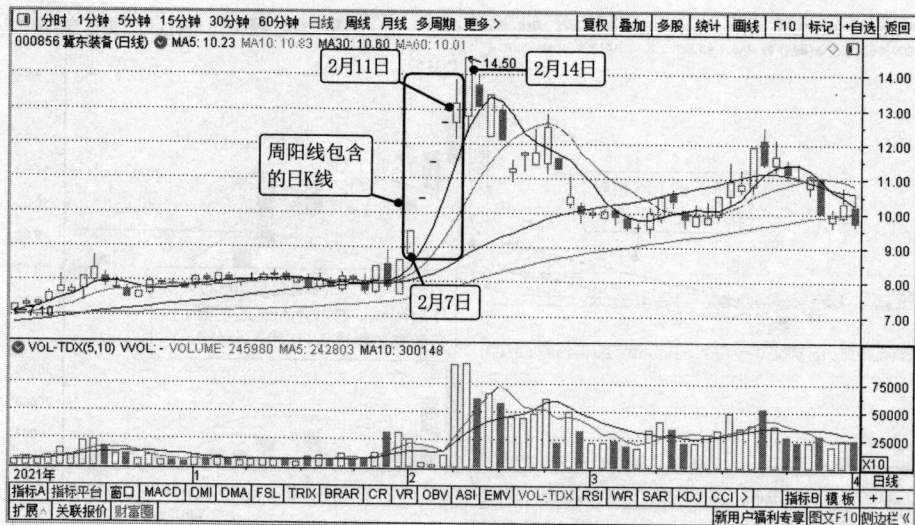

图 2-13　冀东装备 2021 年 12 月至 2022 年 4 月的日 K 线图

从冀东装备的日 K 线图中可以看到，大实体周阳线对应的交易日正是 2月7日至2月11日，在这五个交易日中，有四根涨停 K 线，其中还有三根是一字涨停，只有最后一根阳线由于涨停板打开释放抛压，涨幅只有 4.44%。

显然，股价在涨停板打开后没有因为巨大的抛压而下跌，除了有散户追涨买进的原因之外，主力的刻意维持也是很重要的一个因素。在盘中一边大批买进维持价格，一边将前期筹码卖出兑现利润，是主力的常见手段，这一点从 2月11日和2月14日的分时交易数据中看得更明显，图 2-14 为这两个交易日的分时部分交易数据。

图 2-14　冀东装备 2 月 11 日（左）和 2 月 14 日（右）的部分交易数据

这样一来，主力的出货意图就比较明显了，如果投资者已经享受到了这波涨停带来的收益，那么就可以跟随主力在高位兑利出局。如果投资者在涨停板打开之后才追涨入场，随后发现主力在出货，也要及时卖出，不可惜售，避开随时可能出现的下跌。

No.06　顶部长上影周阳线

形态图解

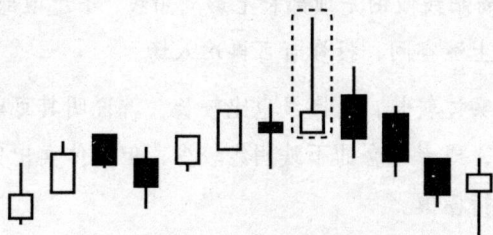

图 2-15　顶部长上影周阳线示意图

顶部长上影周阳线指的是形成于价格顶峰的带长上影线的周阳线，一般实体较小，上影线比实体长数倍。长上影周阳线出现后，后续价格不会再创新高。

操盘法则

从其位置就可以看出，顶部长上影周阳线的预示信号与高位大实体周阳线类似，但之所以该阳线会拥有如此长的上影线，主要与其包含的日 K 线走势有关。

高位大实体周阳线包含的日 K 线基本都是涨幅较大的阳线（有时候也夹杂有阴线），第一根日 K 线的开盘价与最后一根日 K 线的收盘价之间差距较大，导致周阳线的实体较大。

而顶部长上影周阳线的实体较小，自然是因为第一根日 K 线的开盘价与最后一根日 K 线的收盘价之间相隔较近。但又拥有较长的上影线，这就说明这根周阳线不仅包含了价格顶峰左侧的上涨阳线，还包含一部分右侧的下跌阴线，这才出现了最高价较高，开盘价与收盘价相近的情况。

也就是说，如果行情或趋势在顶部长上影周阳线形成过程中已经发生了转折，并且后续股价也不能有效突破该周阳线顶部，那么，后市看跌的可能性就比较大了。因此，投资者在发现价格高位出现长上影周阳线后，一定要警醒，及时切换回日K线图中观察，并择机出局。

重点提示

◆ 如果股价后续能够突破长上影周阳线，就说明这是一次上涨过程中的回调，该周阳线依旧是顶部长上影周阳线，不过顶部指的是阶段顶部，后市还有上涨空间，投资者可再次入场。

◆ 若周阳线实体较长，上影线也比较长，就说明其可能包含了带长上影线的阳线，或者包含的下跌阴线较少，但整体卖出信号不变，投资者依旧要保持谨慎。

实盘解读

凯尔达（688255）顶部长上影周阳线解析

图2-16为凯尔达2022年5月至12月的周K线图。

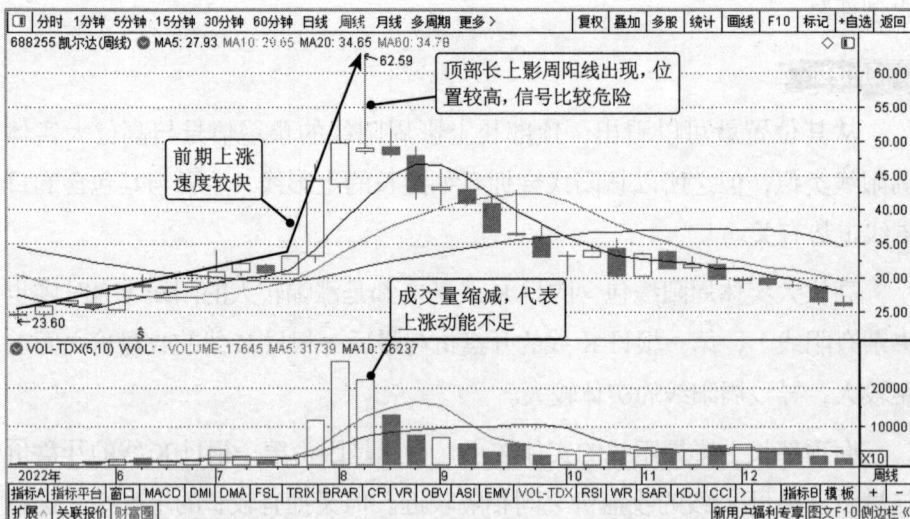

图2-16　凯尔达2022年5月至12月的周K线图

从凯尔达的周K线图中可以很明显地看出，在价格顶峰的位置，存在一根上影线极长，但实体却极短的周阳线，显然这就是一个典型的顶部长上影周阳线。

在此之前，该股已经经历了三个多月的上涨。从初始位置开始一直到形成长上影周阳线的位置，周 K 线大部分时间都在收阳，并且阳线实体越来越大，证明股价上涨速度越来越快，也反映出长上影周阳线所处的位置较高。

若投资者仔细观察成交量还可以发现，当长上影周阳线形成时，量能相较于前一根周阳线有所回缩，再加上长上影周阳线本身的特殊形态，更能佐证上涨走势可能即将转向或已经转向的信号，不过投资者还是可以进入日 K 线图中进行信号的确认。

图 2-17 为凯尔达 2022 年 6 月至 10 月的日 K 线图。

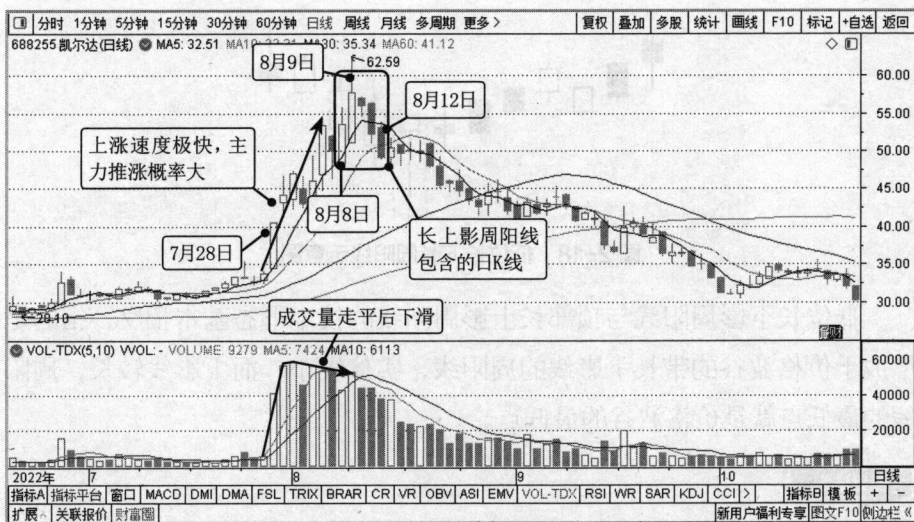

图 2-17 凯尔达 2022 年 6 月至 10 月的日 K 线图

在凯尔达的日 K 线图中，成交量的缩减更明显了。在 7 月 28 日，该股以一根涨幅达到 20.01% 的涨停大阳线突破了前期压力线，随后开启的拉升速度远远高于前期，这也是周阳线突然拉长的原因。

在此期间，成交量量能急剧放大，但在价格越过 45.00 元价位线后，量能就没有再创新高，而是形成了走平中缓慢下降的趋势。并且越到上涨后期，量能回缩得越明显，这一点已经在周 K 线图中体现出来了。

8月9日,该股在冲高创出62.59元的新高后迅速回落,当天就收出一根带长上影线的大阳线。在后续的三个交易日中,该股连续收阴下跌,跌幅都比较大,8月12日的阴线几乎快要跌破8月8日的开盘价,而8月8日至8月12日正是长上影周阳线所包含的五个交易日。

此时,投资者对趋势的判断和对长上影周阳线形成原因的分析就应该比较清晰了。那么,无论是谨慎的投资者还是惜售的投资者,最好都尽快卖出,就算判断失误踏空行情,也比长时间被套好。

No.07 低位长下影周阳线

形态图解

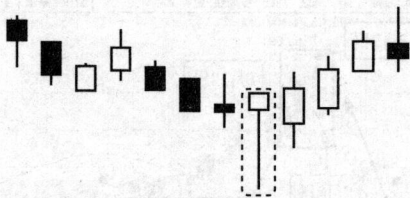

图2-18 低位长下影周阳线示意图

低位长下影周阳线与顶部长上影周阳线的技术形态基本相反,指的是形成于价格波谷的带长下影线的周阳线,实体较小,而下影线较长,周阳线的最低点就是价格波谷的最低点。

操盘法则

低位长下影周阳线一般代表的是底部反转信号,它的出现意味着日K线已经在一周之内创出了新低,并且上升后的价格已经超过了前期阴线的开盘价,这才使得周K线收阳。

如果在低位长下影周阳线形成的同时,成交量能够放量支撑,后续的周K线也能继续收阳,那么,上涨趋势基本就能得到确定。

激进的投资者可以在低位长下影周阳线形成的当周,就进入日K线图中进行确认,并试探性地建仓;谨慎的投资者也可以等待第二根周阳线出现后再买进。

重点提示

低位长下影周阳线包含的五根日 K 线中，如果阴多阳少，那么日阳线的涨幅必定较大，股价反转的坚定程度较高，拉升可能即将到来。如果阴少阳多，那么股价前期下跌速度就可能较快，回升走势则相对缓和，股价可能会在整理一段时间后再开始拉升。

实盘解读

昀冢科技（688260）低位长下影周阳线解析

图 2-19 为昀冢科技 2022 年 2 月至 8 月的周 K 线图。

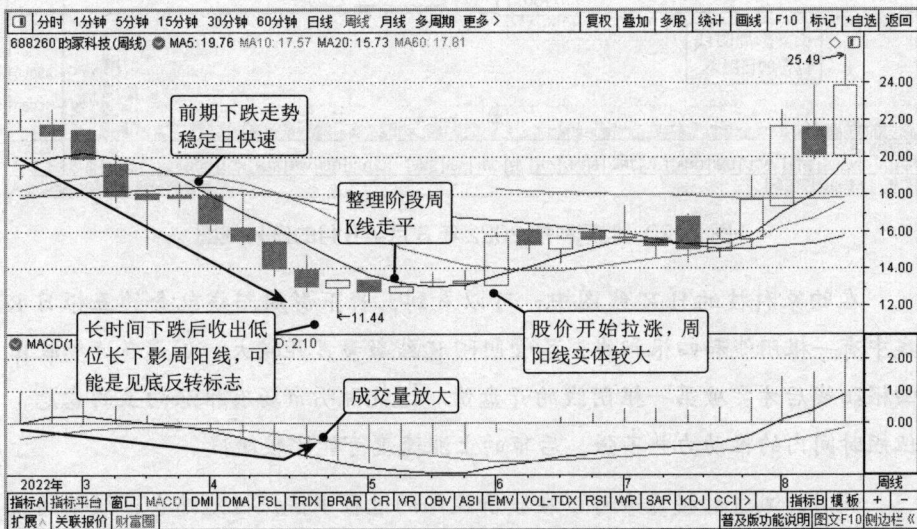

图 2-19 昀冢科技 2022 年 2 月至 8 月的周 K 线图

在昀冢科技 2022 年 2 月至 8 月的周 K 线走势中，股价形成了一个相对完整的自下而上的涨跌周期。从前期的下跌过程中可以看到，周 K 线连续收出了九根阴线，代表下跌趋势的稳定性较好，市场积极性被逐步打压，交投逐渐冷淡，这一点从成交量的缩减状态也可以看出。

这样的状态持续到 4 月底时终于有所缓解，周 K 线收出了一根带长下影线的小实体阳线，并且成交量也相应放大。这是股价可能即将见底回升的标志，但周 K 线图中的信息太少，想要建仓的投资者还是要进入日 K 线图中进行分析和确认。

图 2-20 为昀冢科技 2022 年 3 月至 8 月的日 K 线图。

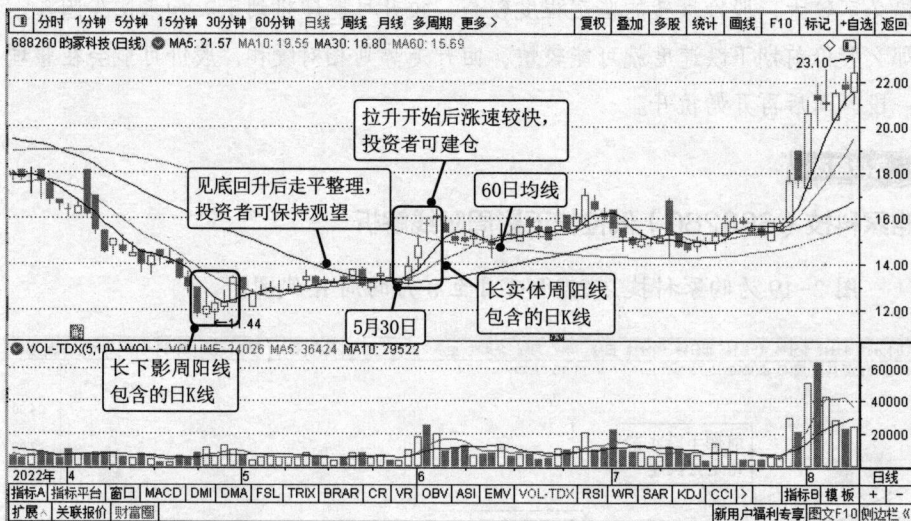

图 2-20　昀冢科技 2022 年 3 月至 8 月的日 K 线图

在昀冢科技的日 K 线图中，可以看到，长下影周阳线包含的五根日 K 线中有一根阴线和四根阳线，尽管阴阳 K 线数量差距较大，但是在连续收出四根阳线后才突破第一根阴线的开盘价。这就说明市场有推涨向上的意愿，但短时间内的推动力并不强，后市的上涨速度可能比较缓慢。

此时，激进的投资者可以在股价收阳的过程中试探性地建仓；谨慎的投资者还需要再观察一段时间，确定上涨趋势后再入场。

继续来看后面的走势。在日 K 线图中，股价确实上涨缓慢，并且逐步在 14.00 元压力线的压制下形成横盘整理。这一点在周 K 线图中也可以发现，即长下影周阳线形成后，横向运行的周 K 线有数根。

从 5 月 30 日开始，股价开始逐步加快收阳速度，并且表现为接连上涨，这在周 K 线图中形成了一根实体较大的周阳线。这也是上涨趋势得到延续的证明，尽管后续股价小幅回调，但日 K 线图中的 60 日均线提供了支撑，后续股价继续上涨，此时谨慎的投资者也可以建仓了。

No.08　连续小实体月阳线

形态图解

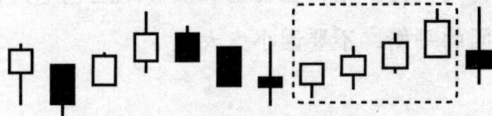

图 2-21　连续小实体月阳线示意图

连续小实体月阳线是指在某段时间内，月 K 线连续收出数根实体较小的阳线，整体呈缓慢向上攀升的状态。

操盘法则

月 K 线由于涵盖范围过大，浓缩度过高，因此很少用于直接的买卖操作，更多的是用于观察大致趋势，并且时间周期会拉得非常长，毕竟一年也只有十二根月 K 线。一般来说，寻找趋势买卖的短线投资者观察周 K 线就可以了，中长线投资者可以关注月 K 线。

那么，连续小实体月阳线代表着什么呢？通过前面对周 K 线的学习投资者应该知道，实体的长度主要取决于第一根日 K 线的开盘价和最后一根日 K 线的收盘价。如果实体较短，就说明该股在这一个月之内或是上涨速度缓慢，或是在经历了一波震荡后，在稍高于第一根日 K 线开盘价的位置收盘，最终形成短实体月阳线。

那么，连续的小实体月阳线就说明在数月之内，股价都在以比较缓和的速度向上运行，尽管期间涨速和涨幅并不算惊人，但胜在稳定性较好，很适合稳健型的投资者进行操作。因此，遇到这种月阳线后，有交易意愿的投资者就可以进入日 K 线图中仔细观察，随后确定买卖位置。

重点提示

◆ 由于月 K 线时间周期太长，只要能够连续两次出现小实体月阳线，上涨趋势就可以确定了，但后市上涨空间不定，投资者若要买进，需要注意止盈止损。

◆ 如果连续月阳线的实体越来越大，或者从始至终都很大，就说明可能有主力在场内大力推涨。这样的月阳线越多，位置越高，投资者的收益越能够得到大幅扩张，但面临的反转风险也越大，投资者一定要注意二者之间的平衡，不要因小失大。

实盘解读

拓尔思（300229）连续小实体月阳线解析

图 2-22 为拓尔思 2021 年 3 月至 2022 年 9 月的月 K 线图。

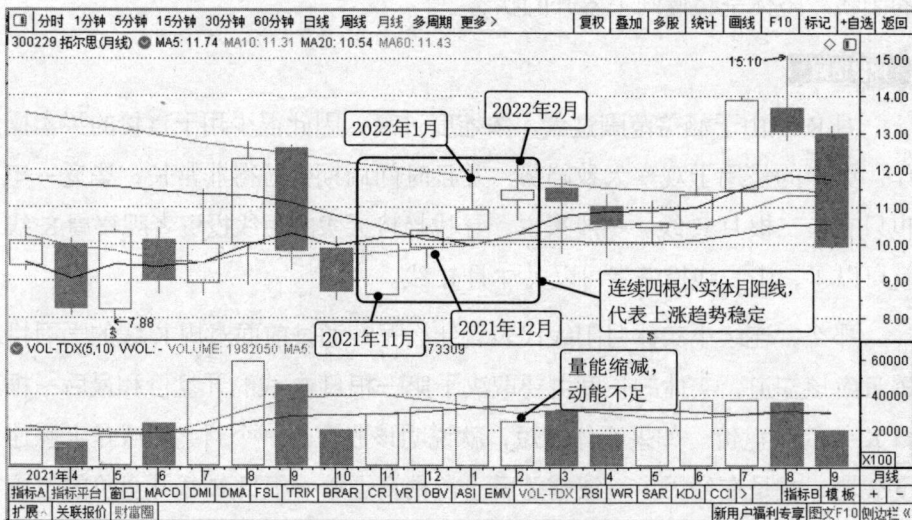

图 2-22　拓尔思 2021 年 3 月至 2022 年 9 月的月 K 线图

从图 2-22 中可以看到，拓尔思的股价在 2021 年 3 月至 2022 年 9 月并未表现出非常明显的趋势性，月 K 线图中阴阳线交错，基本可以算作是震荡行情。那么如何在震荡行情中确定相对短期趋势对于投资者来说就很关键了。

在这一年半的时间内，连续的月阳线出现过数次，但最为明显和持久的是在 2021 年 11 月至 2022 年 2 月，月阳线连续形成了四根，除了第一根月阳线实体稍大以外，后面三根月阳线的实体都相对较小。

这就说明在这四个月时间内，该股前期拉升速度较快，后期则在缓慢上涨，趋势相对稳定，比较适合投资者进行买卖操作。

其实股价的上涨趋势在第二根和第三根月阳线出现后就能得到确定了，激进的投资者甚至会在第一根月阳线形成的过程中就建仓，不过谨慎的投资者也不必着急，尽量降低风险才是这类投资者的首要目标。

下面就进入拓尔思的日 K 线图中，看看这四个月的走势如何。

图 2-23 为拓尔思 2021 年 10 月至 2022 年 3 月的日 K 线图。

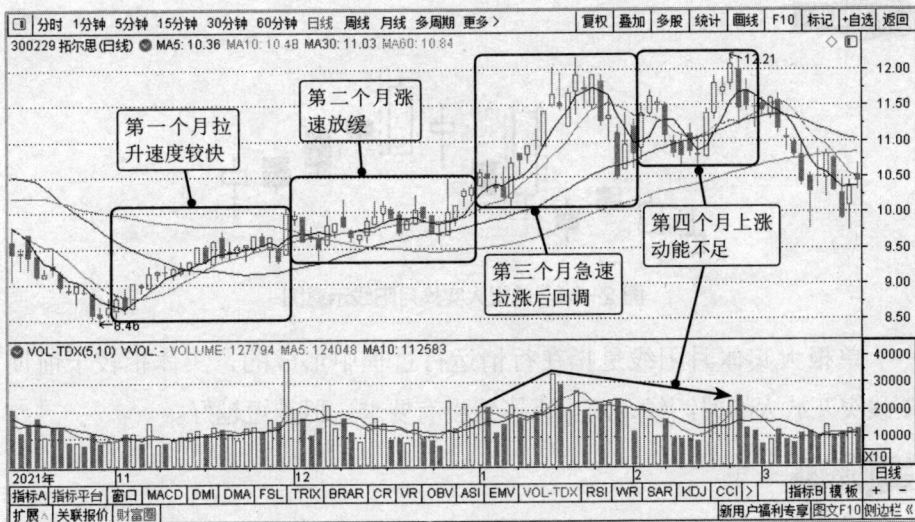

图 2-23　拓尔思 2021 年 10 月至 2022 年 3 月的日 K 线图

从拓尔思的日 K 线图中可以看到，该股的拉升其实从 2021 年 10 月底就开始了，只是进入 11 月后拉升速度更快，价格在一个月内就从 8.50 元价位线附近上涨至接近 10.00 元的位置，创造出了第一根实体稍大的月阳线。初始拉升期间的买入机会很多，激进的投资者趁机建仓也是可以的。

2021 年 12 月，股价涨势明显减缓，但整体依旧在向上运行。这使得第二根月阳线实体缩小不少，不过依旧能够确定上涨趋势的出现。进入 2022 年 1 月后，K 线收阳幅度放大，上涨走势更加明显了，此时谨慎的投资者建仓也能够有一定的保障。

但在 1 月中旬之后，该股突然形成了一次幅度较深的回调，不过很快就在 30 日均线的支撑下回升。

而观察成交量可以发现，在价格再度回升的过程中，量能虽有波动，但远未达到前期的峰值。这说明市场中的助涨动力可能不足，就算月K线能继续收阳，但该位置已经不适合再追涨。投资者在注意到这一点后，就要及时选择合适的位置兑利出局。

No.09 单根大实体月阳线

形态图解

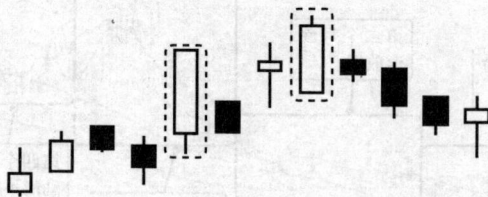

图2-24 单根大实体月阳线示意图

单根大实体月阳线是指在行情运行过程中形成的，实体相较于前期K线突兀放大的月阳线，对上下影线没有要求，但越短越好。

操盘法则

单根大实体月阳线形成的位置不定，可以是拉升过程中，也可以是股价高位或者顶部，还可以是下跌行情见底回升时，甚至是下跌途中。不过无论在何种位置形成，单根大实体月阳线都代表着这一个月内股价的急速拉升状态，并且大概率是主力在推动。

单根大实体月阳线形成的位置不同，传递的信息也有所差别，大概有以下几种情况。

①如果单根大实体月阳线是在连续小实体月阳线之后形成，那么行情到达高位，主力推高出货的可能性比较大。

②如果单根大实体月阳线形成前行情没有明显的趋势性，那就有可能是震荡行情中的一次上升走势，也有可能是牛市的开端。

③如果单根大实体月阳线形成于下跌行情之中，那么投资者就需要分

析此处是否接近了底部，这根月阳线是反弹还是止跌回升。如果拿不准行情，又想要追涨，那就必须谨记止盈止损原则。

重点提示

如果单根大实体月阳线带有长上影线，则当月有可能已经开始了下跌，上影线的最高价就是见顶的位置，投资者要注意风险。

实盘解读

深振业Ａ（000006）单根大实体月阳线解析

图2-25为深振业Ａ在2021年6月至2023年2月的月Ｋ线图。

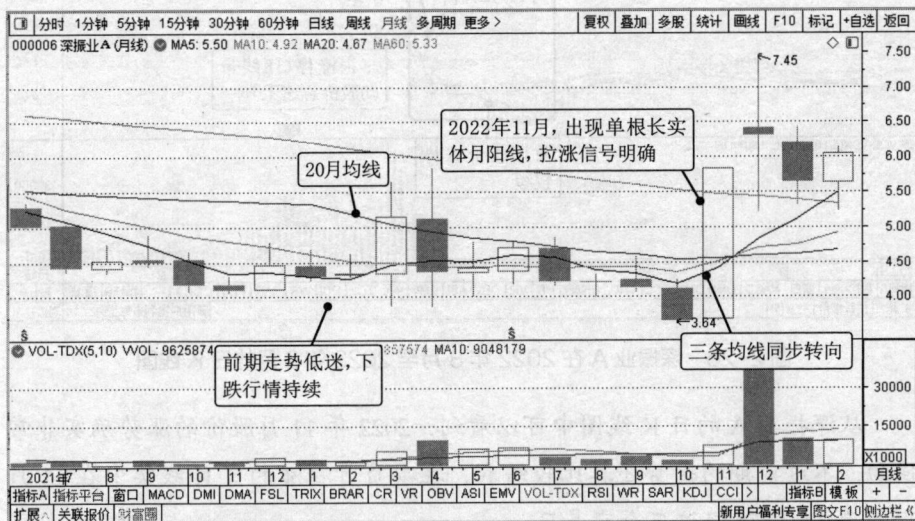

图2-25　深振业Ａ在2021年6月至2023年2月的月Ｋ线图

深振业Ａ股价在2021年6月至2022年10月的走势中，整体运行趋势是向下的，月均线系统长时间压制在月Ｋ线之上。虽然在2022年3月和4月多方有过反弹，但价格未能有效突破30月均线，最终还是回归下跌之中。

这样的状态一直持续到2022年11月，当月突然收出一根实体极长的月阳线，并且最高价与收盘价相等，最低价与开盘价之间仅仅相差0.02元，几乎可以看作是光头光脚长阳线了。

　　不仅如此，在这根大实体月阳线形成的同时，5月均线、10月均线和20月均线同步向上转向，表明市场趋势有转折的可能，或者说明此次该股的反弹幅度非常大。投资者完全可以在2022年11月建仓待涨，下面就需要进入日K线图中寻找合适的买点。

　　图2-26为深振业A在2022年8月至2023年2月的日K线图。

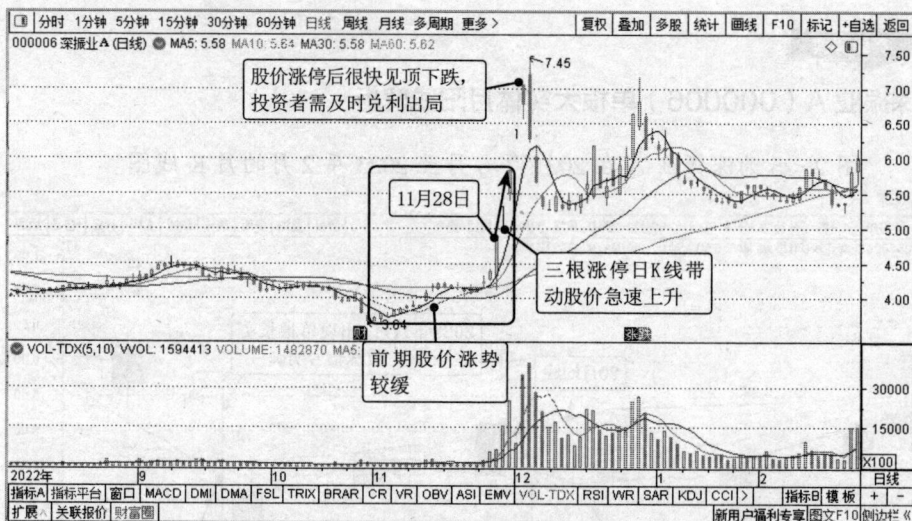

图2-26　深振业A在2022年8月至2023年2月的日K线图

　　从深振业A的日K线图中可以看到，2022年11月股价的涨势确实非常强劲，不过前期的走势还算比较缓和，主要负责拉涨的日K线集中在11月28日至11月30日这三个交易日。

　　这三个交易日收出的连续三根涨停K线，将股价直接从4.50元价位线以下拉到了5.75元价位线附近，再加上前期不算小的涨幅，当月收出实体如此长的月阳线也就比较合理了。

　　在此期间，投资者的建仓位置还是很多的，无论是11月初股价上升过程中，还是回调的低位，抑或是涨停过程中，都有大量的买进机会。

　　激进的投资者可能在11月初，月K线还未显示出长实体阳线状态时就买进了；而谨慎的投资者则可能在涨停开始后才入场追涨，此时的长实体月阳线已经初现端倪。但无论是哪一类投资者，只要股价出现下跌迹象，就需要及时抛盘出局。

No.10　带长影线月阳线

形态图解

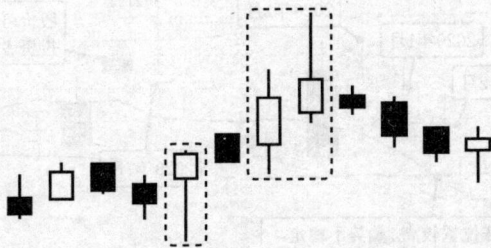

图 2-27　带长影线月阳线示意图

带长影线的月阳线可以是上影线较长，也可以是下影线较长，或是两条影线都比较长。这类月阳线的实体可大可小，但实体越小的长影线月阳线，形态的含义和信号会更明确。

操盘法则

长影线月阳线其实与长影线周阳线的使用方法类似，只是月阳线包含了二十根左右的日 K 线，造成其上下影线较长的原因更为复杂，投资者在分析时更难判断出后市走向。

因此，在发现长影线月阳线出现后，投资者需要先确定当前趋势，大致判断其可能发出的信号。如果难以从月 K 线图中分析出来，还可以进入日 K 线图中深入研究，确定是否有参与价值，潜在的风险如何，若收益与风险不匹配，那最好就不要参与了。

重点提示

投资者在观察长影线月阳线时，要注意近期的月 K 线是否都有上下影线较长的问题。如果有，就说明最近股价的震荡比较频繁，在行情不稳定的情况下，参与风险较大；如果没有，那么长影线月阳线就可能单纯是趋势转变或是短期行情震荡的表现。

实盘解读

欧菲光（002456）带长影线月阳线解析

图2-28为欧菲光2019年6月至2021年4月的月K线图。

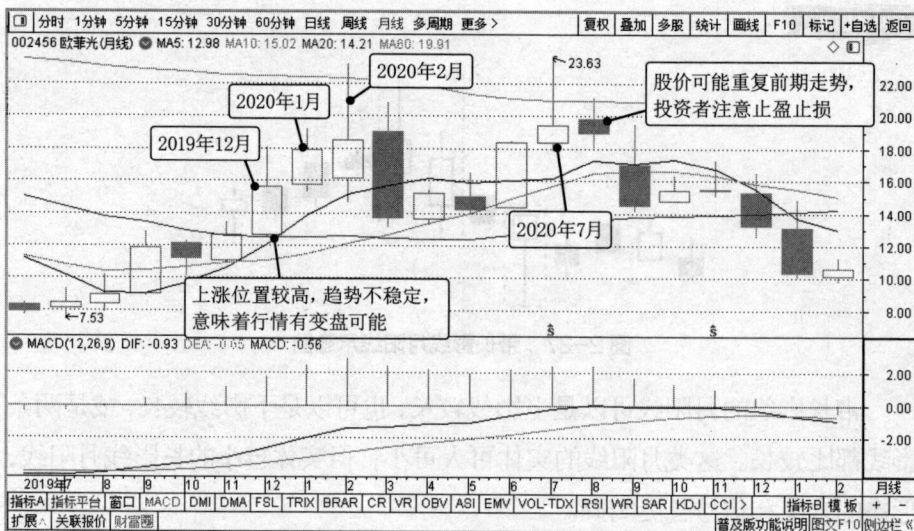

图2-28 欧菲光2019年6月至2021年4月的月K线图

从欧菲光的这段股价走势中可以看到，带长影线的月阳线不少，但最显眼的应该是2020年2月和2020年7月的两根，它们的上影线都超过了实体长度，并且都上探到了22.00元价位线以上。

先来看2020年2月的这根长上影月阳线，它形成于上涨行情的高位，在此之前，该股已经经历了长达8个月的上涨，价格从7.50元价位线以下一路攀升至18.00元价位线以上，涨幅约为140%。那么，2020年2月的这根长上影月阳线就很可能已经包含了下跌的初始部分。

再来观察2019年12月和2020年1月的两根月阳线，可以发现这两根月阳线的上影线也比较长，尽管没有超过实体长度，但也不可忽视。这就说明在这两个月，股价已经出现了震荡，上升趋势不再稳定，若投资者难以确定，还可以进入日K线图中观察。

图2-29为欧菲光2019年11月至2020年8月的日K线图。

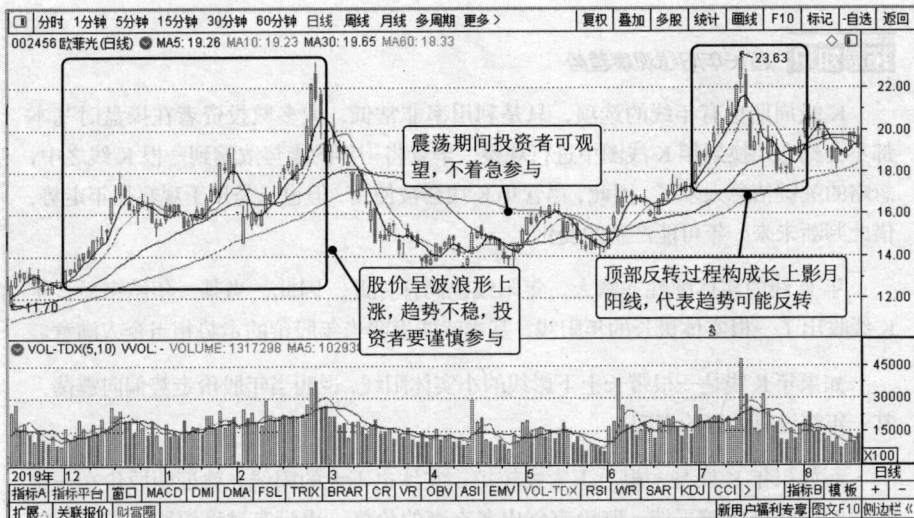

图 2-29 欧菲光 2019 年 11 月至 2020 年 8 月的日 K 线图

从日 K 线图中可以看到，2019 年 12 月至 2020 年 2 月，该股出现了波浪形的上涨，涨速较快，但回调跌幅也较大，投资风险随着价格的提高而逐步增强。在此期间投资者如果要参与，需要更为谨慎。

继续回到月 K 线图中观察。2020 年 3 月，该股收出了一根实体较长的月阴线，代表趋势已经转为下跌，与日 K 线图中的股价快速收阴下滑相对应，这向投资者发出了明确的止损信号。

不过在 4 月止跌后，该股又开始了震荡式的回升，短时间内的上升趋势还不太明显，整体以震荡为主，月 K 线图中也呈现出了阴阳交错的走势。

到了 6 月时，该股涨速明显加快，并且稳定程度也高了不少。这使得月阳线迅速拉长，并且基本没有带上下影线，表明短时间内上涨趋势稳定，投资者可再次追涨。

进入 7 月后，股价依旧在快速攀升，但在 7 月中旬就见顶并拐头下跌了，月 K 线图中 7 月的月阳线长上影线就是如此产生的。由此可见，7 月的走势基本重复了前期 2 月的走势，也就是说，后市股价的变化趋势也可能像 3 月一般快速下跌。那么，不希望承担较大风险的投资者此时就要及时出局了。

拓展知识 *超长年阳线观察趋势*

K线周期也有年线的选项，只是利用率非常低，大多数投资者在操盘时基本都不会刻意切换到年K线图中进行观察，毕竟将一年的走势浓缩到一根K线之中，忽略的关键信息太多了。因此，尽管年K线会被使用，但也只是用于观察往年走势，借此判断未来一年可能产生的变化。

年K线的实体弹性非常大，年阳线也同样如此。因此，当某一年结束后，年K线收出了一根实体极长的年阳线，基本就能说明当年股价的走势相当令人满意。

如果年K线是一根带长上下影线的小实体阳线，说明当年股价走势偏向震荡，其一年都没有太好的表现。

而如果年K线是一根上下影线较短，实体也不大的阳线，就证明股价在一整年内的走势都比较平淡，既没有创出多么高的价格，也没有过度深跌，市场相对冷清。

第三章

波浪循环中的阳线做T

T+0是一种常见的超短线操盘技术，是从股市"T+1"交易规则中衍生而来的，适用于超短线投资者和部分短线投资者。T+0交易比较注重趋势的选择，投资者借助著名的波浪理论来分析趋势走向，抓住其中的阳线买卖点，就能在一定程度上降低T+0交易的风险，从而进一步提升收益。

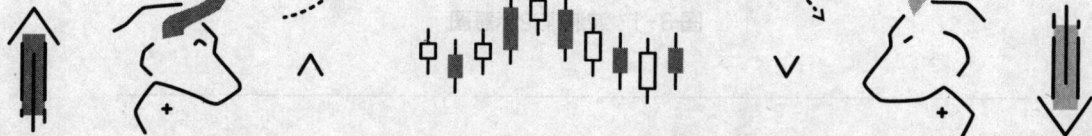

一、顺向做 T 赚取收益

T+0 交易也称 T+0 回转交易，是指在同一个交易日进行一次完整买卖操作。此时不熟悉 T+0 交易的投资者可能会发问：股市规定 T 日买进的股票必须在 T+1 日才能卖出，当日买进当日卖出不是违反规则了吗？

既然 T+0 交易存在并盛行，自然有它的合理合规之处，下面用一个简单的例子来解释。

某超短线投资者在选股时发现一只优质股，认为有可操作性，于是在 2 月 6 日建仓 100 股。2 月 20 日，该股盘中大幅上涨，该投资者迅速于低位处再次买进 100 股，待到其上涨至一定位置后，把在 2 月 6 日买进的 100 股抛售，当日买进的 100 股则继续持有，这就实现了一次 T+0 交易。

也就是说，T+0 交易当日买卖的并非同一批筹码，投资者需要提前建好仓，才能进行 T+0 交易。并且在 T+0 交易完成后，投资者手上还有一批待售的筹码，可以在后续择机卖出，也可以留着做下一次 T+0 交易。

T+0 交易的方向有两种，一种是顺向 T+0，另一种是逆向 T+0。前面例子介绍的就是先买后卖的顺向 T+0，常用于上涨趋势中，目的大多是赚取短期收益（逆向 T+0 将在下一节中介绍）。

但上涨趋势的确定可不容易，除了上一章介绍过的利用周阳线、月阳线等周期 K 线来判断趋势的方法以外，还有一种有效的趋势分析方法，那就是借助波浪理论，图 3-1 为波浪理论示意图。

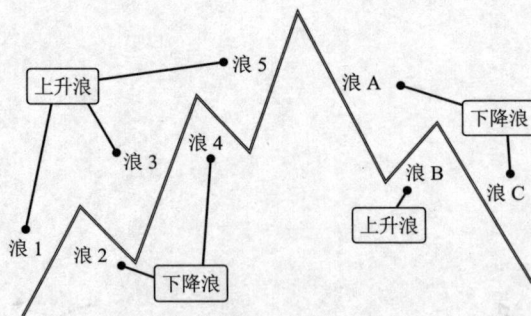

图 3-1　波浪理论示意图

波浪理论将一段完全的涨跌周期细分成了八个波浪，分别是上涨趋势中的上升浪浪 1、浪 3 和浪 5，下降浪浪 2 和浪 4，以及下跌趋势中的上升浪浪 B，下降浪浪 A 和浪 C。

借助波浪理论，投资者就能大致分辨出未来行情可能的变动方向，以及当前所处的位置，从而决定是否使用 T+0 交易。当然，分析的同时也需要关注均线和成交量等指标的表现，综合分析才能尽量准确。下面就将波浪理论与 T+0 交易技术相结合，为投资者展示实战用法。

No.01　浪 1 看准阳线分次介入

形态图解

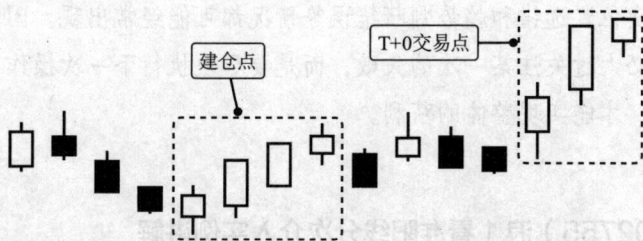

图 3-2　浪 1 中的阳线介入点示意图

浪 1 是上升趋势的起始，其中有两个介入点，分别是股价刚开始回升时低位的阳线建仓点，以及回调完毕后进入拉升阶段的阳线 T+0 交易点。两个介入点相隔最好不要太远，否则就失去了短线操作的意义。

操盘法则

建仓点的选择比较重要，这关系到投资者后续执行的 T+0 交易是赚取收益还是解套逃离。因此，在股价止跌回升，上涨趋势开始时，投资者的首要任务就是确定当前趋势，随后在 K 线收阳时，选择合适的低位买进一批筹码，等待价格上涨。

待到拉升开始，K 线收阳幅度扩大，投资者就可以进入某个交易日的分时图中，趁着股价还未上冲，择机买进一批数量相等的筹码，随后持股待涨，在当日的价格高位将前期筹码抛出，完成一次完整的 T+0 交易。

重点提示

◆ 波浪循环是嵌套式的，小循环会隐藏在大循环中，比如一个长达一年的大型波浪循环中，每一次回调的涨跌过程及在最顶部的涨跌过程中，都可能潜藏着一个小的波浪循环。因此，投资者在操作时的自由性还是比较强的，只要能够确定是新一波上涨的起始，就可以初步视作浪1进行观察和操作。

◆ 要做T+0交易就最好执行到底，尽量不要出现由于涨幅过大而惜售，或者由于判断失误而不肯卖出等原因不执行事先确定的操作策略，这样会导致策略混乱，思维不清晰。

◆ 投资者不可能做到每次操作都获利，介入点选错、T+0交易点选错、买卖位置选错和趋势判断错误等情况都可能经常出现。因此，投资者不必太过关注某一次的失败，而是要尽快执行下一次操作，将收益挽回，才能实现整体的获利。

实盘解读

奥赛康（002755）浪1看准阳线分次介入实例讲解

图3-3为奥赛康2020年3月至8月的K线图。

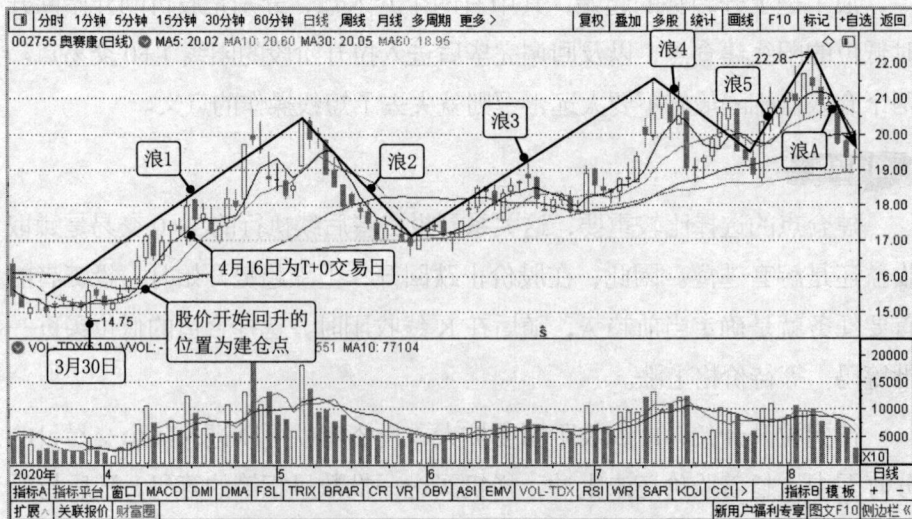

图3-3 奥赛康2020年3月至8月的K线图

由于浪 1 处于上升趋势的起始位置，因此，本案例及后续在上升趋势中顺向做 T 的案例都只展示波浪循环中的上涨过程，划分出从浪 1 到浪 5 的波段，这样更方便投资者观察，下面来详细解析。

从图 3-3 中可以看到，在奥赛康的这段股价上升走势中，浪 1 的位置还是很好判断的。2020 年 3 月，该股还在 15.00 元价位线附近低位横盘，直到 3 月 30 日创出 14.75 元的阶段新低后，才开始缓慢上升。此时，注意到上涨现象的投资者就可以试探性地建仓，或是等待股价上涨趋势稳定后再建仓。

进入 4 月后，该股的上涨走势更为确定，涨速也加快了不少，并且越到后期，收阳的幅度越大，这证明拉升已经开始，投资者可以寻找 T+0 交易点了。

适合 T+0 操作的交易日很多，投资者也可以多次操作，不必纠结一定要单日达到多少涨幅才能做 T。那么，这里就选择 4 月 16 日作为分析示例，向投资者展示 T+0 交易过程。

图 3-4 为奥赛康 2020 年 4 月 16 日的分时图。

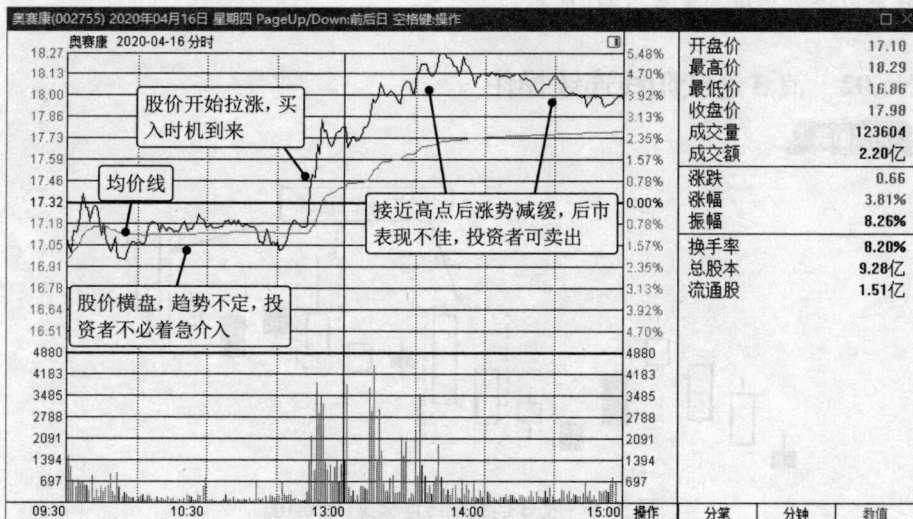

图 3-4　奥赛康 2020 年 4 月 16 日的分时图

4 月 16 日的开盘不算好，股价以 17.10 元的价格低开，虽然开盘后几分钟有一次上冲，但在小幅越过前日收盘价后就再度下滑到均价线附近，随后围绕均价线进行横盘震荡。

结合K线图中前两个交易日的走势来看，该股有可能在4月16日继续小幅震荡，因此，很多投资者都不会在前期股价横盘的过程中买进，不过还是可以保持一定的关注。

11：00之后，股价开始逐步脱离均价线附近，进入上涨之中，并且涨速较快，整体有突破前期压力线的趋势。此时，关注到这一点的投资者就可以迅速买进一批筹码，做好T+0交易的准备。

该股第一波上涨在17.86元价位线附近止住，随后小幅回调。下午开盘后价格继续上升，很快便彻底突破了K线图中的压力线，一路来到了18.00元价位线以上。

不过在越过该价位线后，该股涨势有所减缓，在18.13元至18.27元震荡一段时间后，出现了回落的迹象。再加上当日交易已经接近尾声，后续上涨空间不大，投资者在等待一段时间发现股价确实无法再有更好的表现后，就可以择机卖出，完成T+0交易。

No.02　浪3连续阳线连续操作

形态图解

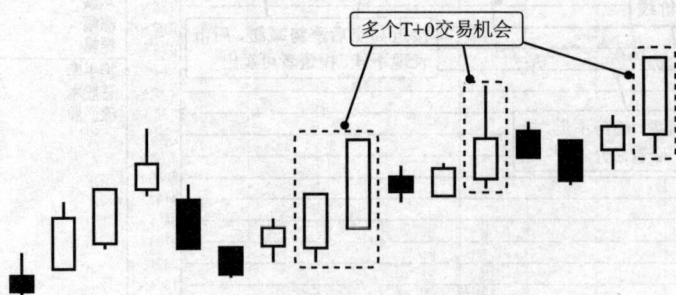

图3-5　浪3连续阳线连续操作示意图

浪3是上升趋势的主升浪，并且不能是最短的一浪，因此，浪3期间的连续阳线和大实体阳线会非常多，甚至还有连续涨停的情况，这些大实体阳线或大涨幅阳线都可以成为操作点。

操盘法则

　　在主升浪中，K 线可能会出现连续收出大实体阳线的情况，对于投资者来说是非常好的 T+0 交易机会。前期的浪 1 阶段及浪 2 的下跌低位，都可以作为初次建仓点，投资者在买进后就可以持续做 T，分批将主升浪的涨幅收入囊中。

重点提示

◆　尽管 T+0 交易资金的流转速度极快，收益兑现的效率也很高，但投资者倾注在股市中的精力和时间也比较多，同时对于操盘节奏的把控及市场走势的分析能力要求相对较高，因此，并不是所有人都能使用，投资者切忌盲目跟风做 T。

◆　投资者在连续操作时既可以一日接一日连续做 T，也可以间歇性地操作，主要根据市场走向和自身策略而定，关键在于价格差。

实盘解读

炬光科技（688167）浪 3 连续阳线连续操作实例讲解

　　图 3-6 为炬光科技 2022 年 4 月至 8 月的 K 线图。

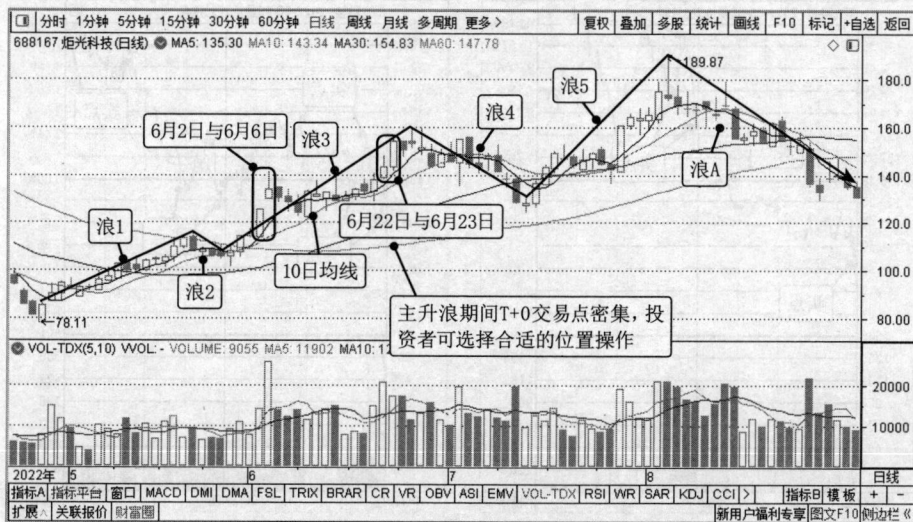

图 3-6　炬光科技 2022 年 4 月至 8 月的 K 线图

在炬光科技股价上升行情中，主升浪的收阳幅度确实比较大，股价上升速度较快，超短线投资者连续做T的机会到来。该股的这一波上升趋势在浪1阶段就已经展现得比较明确了，投资者完全可以在浪1期间建仓。

在短暂的浪2结束后，浪3于5月底开始拉升。刚开始的上涨速度就很快，股价凭借数根阳线直接冲破了前期高点，也就是浪1顶部的位置。

6月2日正是前期高点被彻底突破的当日，其后紧紧跟随着又一根阳线，将价格一举拉到了140.00元价位线附近。这两个交易日的涨势很好确定，涨幅又大，很适合进行T+0交易，投资者可将其作为目标。

在后续的走势中，该股小幅回调到10日均线附近，受到支撑后继续向上运行。在数次上探压力线后，K线最终于6月下旬连续收阳，成功突破了140.00元价位线，6月22日和6月23日也是彻底突破压力线的两个交易日，涨幅同样不小，投资者依旧可以做T。

下面就进入这四个交易日的分时图中，进一步解析T+0交易的买卖位置。

图3-7为炬光科技2022年6月2日和6月6日的分时图（左），以及2022年6月22日和6月23日的分时图（右）。

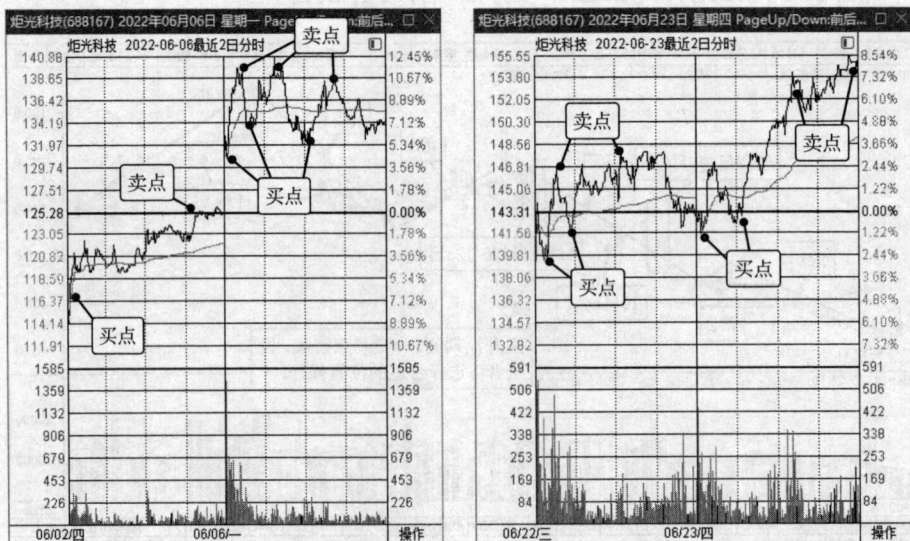

图3-7　炬光科技T+0交易日的分时图

6 月 2 日和 6 月 6 日是股价突破浪 1 顶点的位置，也是浪 3 正式确定的位置，如果投资者要选择 T+0 交易，大概率会选到这两个交易日。

从其分时走势可以看到，6 月 2 日股价在开盘后上冲速度较快，一开始就展现出了上涨趋势，那么投资者就可以在开盘的位置迅速买进，待到尾盘价格难创新高时再卖出，完成 T+0 交易。

6 月 6 日的走势则没有那么稳定，股价在盘中反复上下震荡，且震荡幅度相当大，波峰与波谷之间的涨幅差值最高能达到 7% 左右，因此可操作空间很大，投资者择机低买高卖即可。

再来看 6 月 22 日和 6 月 23 日，这两个交易日是股价突破浪 3 中压力线的位置，同样很容易被当作 T+0 交易的目标。

6 月 22 日的分时走势中，趋势还是比较明显的，尽管在开盘后形成了一定程度的震荡，但低点不断上移，上升走势能够确定。因此，投资者就可以在股价回调的低点买进，随后在股价反复上冲都未能突破成功的位置确定顶点，择机卖出。

6 月 23 日的趋势更明显，10∶00 之后就几乎一直在上冲，回调幅度较小。投资者只要会抓时机，就有机会在较低的位置买进，待到股价在尾盘见顶后及时出局，在单日就能收获 5% 以上的涨幅收益。

拓展知识 *多日分时图如何设置*

上述案例中采用了多日分时图的展示方式，最简便的设置方法就是在分时图中按【Alt+ 数字】组合键，数字对应交易日数量。或者选择分时图右下角的"操作"命令，在弹出的子菜单中选择"多日分时图"命令，就可以在子菜单中设置对应的多日分时图，图 3-8 为选择最近 2 日分时图的操作。

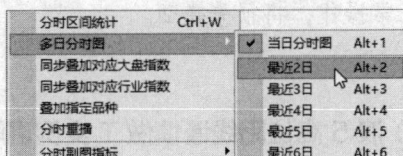

分时区间统计	Ctrl+W		
多日分时图	▶	✓ 当日分时图	Alt+1
同步叠加对应大盘指数		最近2日	Alt+2
同步叠加对应行业指数		最近3日	Alt+3
叠加指定品种		最近4日	Alt+4
分时重播		最近5日	Alt+5
分时副图指标	▶	最近6日	Alt+6

图 3-8　多日分时图的设置方式

No.03　浪 5 高位阳线谨慎买卖

形态图解

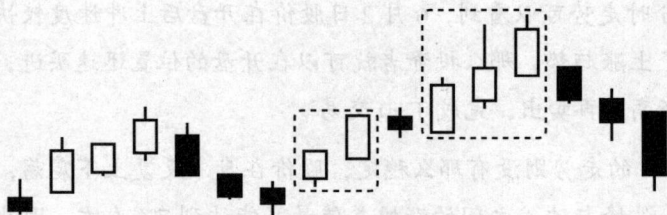

图 3-9　浪 5 高位阳线示意图

　　浪 5 是接近价格顶部的最后一浪，在此阶段出现的大阳线依旧具有推涨作用，投资者可以做 T，但要格外谨慎。

操盘法则

　　无论投资者正在观察或介入的波浪循环属于嵌套小循环还是行情大循环，浪 5 都是风险比较大的一个阶段。主升浪结束后若想再次推涨，市场中的压力相较于前期会增加不少，再加上前期已经消耗了大量动能，浪 5 的上涨幅度可能达不到前期的平均水平，波浪长度也可能相应缩短。

　　因此，尽管浪 5 中的阳线依旧存在 T+0 交易机会，但由于见顶下跌的风险增加，投资者在操盘时就要更加谨慎，采取适当减仓或是减少做 T 次数的方式来降低被套风险。

重点提示

　　如果投资者在做 T 当日遭遇了冲高回落或直接下跌的走势，并且已经买进，那么依旧需要执行 T+0 交易原则，将前期筹码先抛出，等待后市变化。若股价持续下跌，投资者就需要采取逆向 T+0 交易来解套（具体会在下一节介绍）；若股价继续上涨，就正常操作，将损失挽回。

实盘解读

龙磁科技（300835）浪 5 高位阳线谨慎做 T 实例讲解

　　图 3-10 为龙磁科技 2022 年 5 月至 9 月的 K 线图。

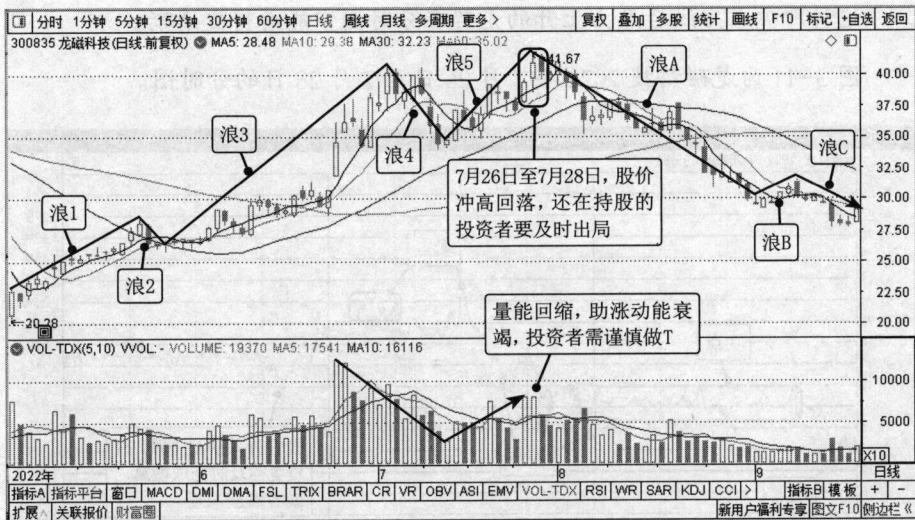

图 3-10 龙磁科技 2022 年 5 月至 9 月的 K 线图

图 3-10 展示的是龙磁科技一段完整的波浪循环，从中可以比较清晰地看出各波段的状态。其中，浪 5 处于 2022 年 7 月中旬至 7 月底，起始价格在 35.00 元价位线附近。

前期主升浪的走势非常强势，股价已经冲到了 40.00 元价位线附近，随后形成浪 4，回调到 35.00 元价位线附近。根据波浪理论，浪 5 的顶部需要越过浪 3 顶部，但长度则不一定比浪 3 长，投资者要做好 T+0 交易的准备。

7 月中旬，浪 5 开始形成，但 K 线收阳上涨的稳定性较差，整体以阴阳线交错的方式向上运行。

观察成交量也可以发现，浪 5 期间的量能明显无法提供太强的推动力，与主升浪期间量能峰值相比更是大幅缩减，所以，浪 5 升势缓慢也在情理之中，后期上涨空间可能有限。在此期间，投资者就要抓紧收阳时机，快进快出，完成高位的 T+0 交易。

7 月 26 日，该股在一次回调结束后再度收阳，向上靠近了 40.00 元的压力线。7 月 27 日也同样收出阳线，成功突破了浪 3 顶点，但当日却出现了冲高回落的走势，成交量也走平，这证明市场助涨动能可能即将衰竭，此时还留在场内的投资者最好及时出局，避开可能到来的下跌。

这种冲破压力线后无力上升的走势在分时图中能看得更清晰。

图 3-11 为龙磁科技 2022 年 7 月 26 日至 7 月 28 日的分时图。

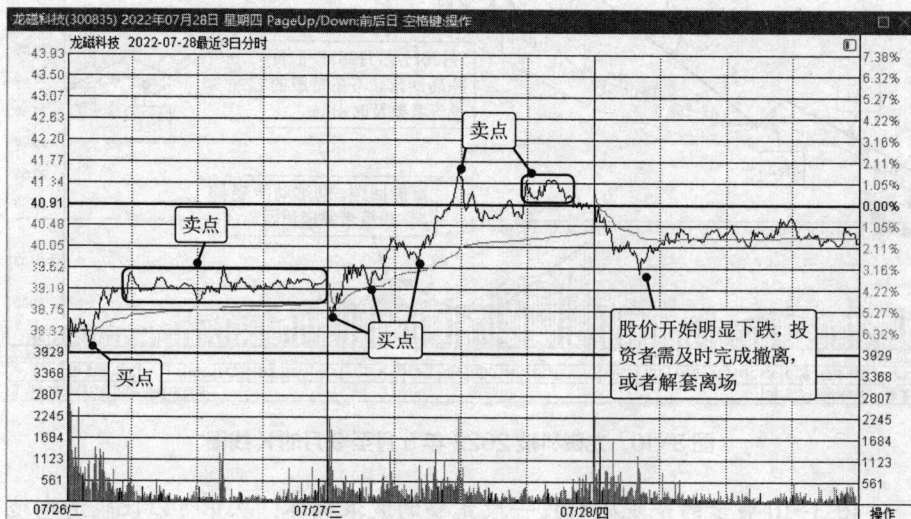

图 3-11　龙磁科技 2022 年 7 月 26 日至 7 月 28 日的分时图

7 月 26 日和 7 月 27 日是股价收阳的两个交易日，7 月 28 日则是股价冲高回落后出现下跌的第一个交易日。从分时走势可以看到，7 月 26 日该股在以高价开盘后不久就上冲，随后长时间在高位震荡，买卖点还是比较明确的。

7 月 27 日的买卖机会更多，股价在早盘期间的走势相当积极。但在下午时段开盘后，该股迅速回落，后续的反弹也未能超过前期高点，投资者及时发现这一点后就要迅速择高抛售。

从 7 月 28 日开始，股价出现了明显的下跌，这一点从分时走势中也可以很明显地看出。那么此时投资者就暂时不要参与了，若手中还有筹码，也可以先行卖出，彻底退出。

回到 K 线图中可以看到，7 月 27 日冲高回落后，该股在 40.00 元价位线上方横盘数日后，最终还是快速向下滑落。股价跌到接近浪 5 起始价位线后小幅震荡了一段时间，在 8 月中下旬时彻底将其跌破，进入了下跌行情之中，此时的下跌浪就已经转变为了浪 A，需要解套的投资者就要开始逆向做 T 了。

No.04　浪 B 阳线抢反弹要稳健

形态图解

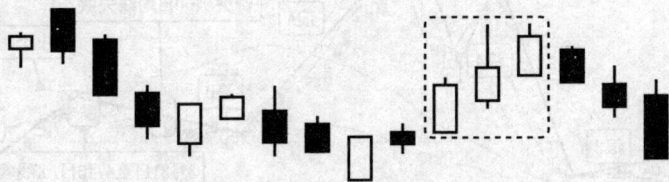

图 3-12　浪 B 反弹阳线示意图

浪 B 是下跌过程中的上升浪，由于与下跌趋势相悖，因此，整体上升幅度不大，持续时间也不长，不过其间收出的阳线依旧可以作为超短线投资者抢反弹的目标。

操盘法则

在波浪理论中，浪 B 一般与浪 2、浪 4 一同被称为调整浪，浪 2 和浪 4 是对上升趋势的调整，浪 B 则是对下跌趋势的调整。这三个波段的涨跌幅度都不如推动浪，也就是负责维持趋势的其他五段波浪。

不过对于超短线投资者来说，只要有价差就有机会赚取收益，浪 B 的反弹阳线自然也是不错的 T+0 交易点。但由于浪 B 持续时间较短，投资者在操作时需要特别注意见顶风险，必要时可彻底清仓出局。

实盘解读

金财互联（002530）浪 B 阳线抢反弹实例讲解

图 3-13 为金财互联 2021 年 12 月至 2022 年 4 月的 K 线图。

在金财互联这段完整的涨跌周期中，八段波浪的浪形都十分清晰，投资者从中也可以看出调整浪与推动浪的涨跌幅度差异。

2 月中旬，该股在 15.83 元的位置见顶后转入下跌，并持续了近一个月的快速下滑走势，直到 3 月上旬才在 8.00 元价位线附近止跌，随后开启小幅回升的盘整。结合前期走势可以判断出，此时正是浪 A 结束，浪 B 起始的位置，那么后市可能会有一波幅度不大的反弹，投资者可准备建仓了。

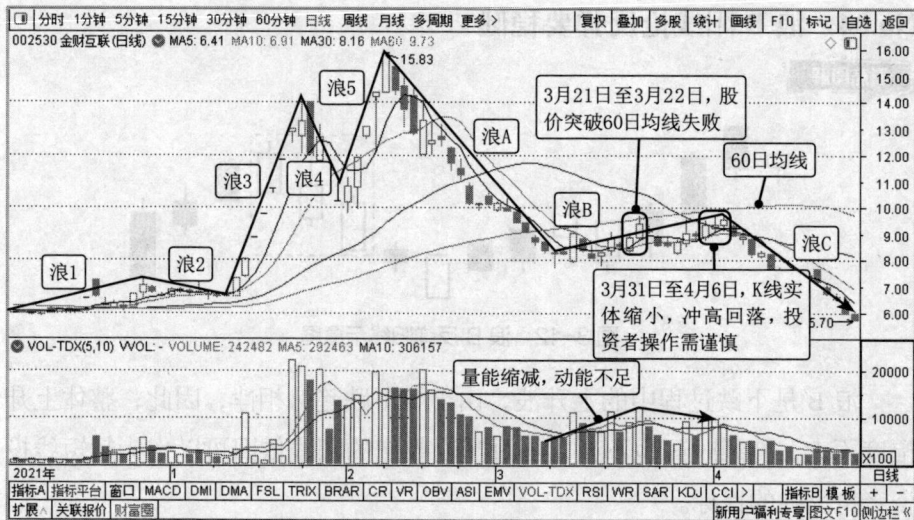

图 3-13 金财互联 2021 年 12 月至 2022 年 4 月的 K 线图

从后续走势可以看到，该股在止跌回升后，断断续续收出了不少阳线，低点也在逐步上移。但由于 60 日均线的靠近，价格始终难以突破其限制，频繁收出带上影线的阳线，这证明上方压力较重，股价反复突破失败。同时，下方的成交量也在后期出现缩减，进一步佐证了上述分析。

尽管在此期间投资者的介入机会很多，T+0 交易点也很多，但相较于在上涨趋势的推动浪中做 T，上涨幅度较小的浪 B 显然需要投资者更加小心谨慎，严格执行 T+0 交易策略，实现资金快速流转。

下面来看几个典型的难以突破上方压力而冲高回落的分时走势，从中分析投资者的应对方法。

图 3-14 为金财互联 2022 年 3 月 21 日至 3 月 22 日的分时图（左），以及 2022 年 3 月 31 日、4 月 1 日和 4 月 6 日的分时图（右）。

3 月 21 日和 3 月 22 日是股价向上第一次接触到 60 日均线的位置。从这两个交易日的分时走势可以看到，在 3 月 21 日，该股开盘后小幅上冲，随后在均价线的支撑下反复震荡，直到接近尾盘时才快速向上攀升，最终在尾盘中冲高回落，收出一根带短上影线的阳线。

在此期间的买卖点很明显，但分时走势向投资者传递出一个信号，即上方有压力，突破有困难，投资者后续操作时要更加注意。

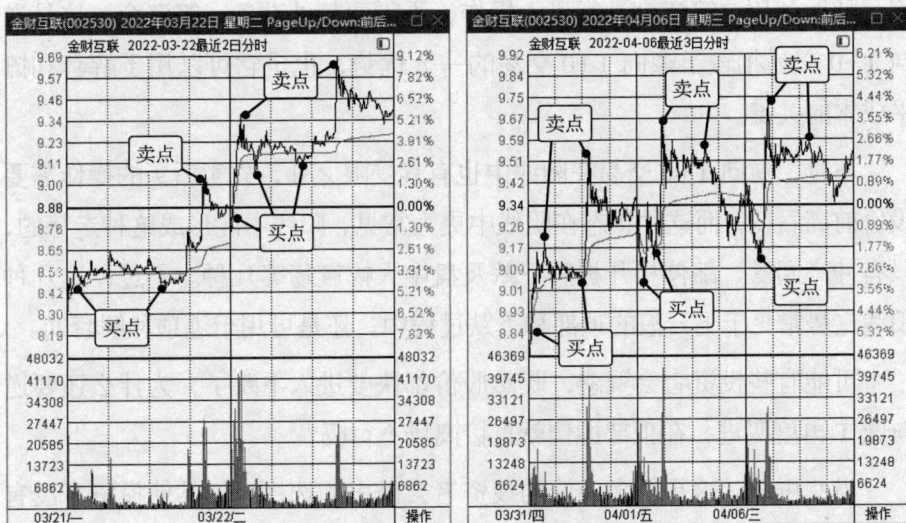

图 3-14　金财互联 T+0 交易日的分时图

到了 3 月 22 日，这样的走势更加明显了，股价两次形成冲高回落，虽然为投资者留下了足够的买卖时机，不过这种状态显然不太乐观，该股后续上涨空间堪忧。谨慎的投资者在做过几次 T+0 交易后就可以先行出局了，以避开随时可能到来的浪 C。

3 月 31 日、4 月 1 日和 4 月 6 日这三个交易日，是股价继续上扬接近 60 日均线的交易日。K 线图中这三根阳线的实体幅度相对较小，并且都有较长的上影线。

这一点从其分时走势中也能看出，三个交易日股价线的走势很相似，重复着震荡→冲高→回落震荡的循环，规律性较强。还在继续操作的投资者发现这一点后，就可以根据这一规律低买高卖，但一定要注意浪 B 顶部的到来，及时出局以保住收益。

二、逆向做 T 降低成本

逆向 T+0 交易只是与顺向 T+0 交易的买卖顺序相反，即先卖后买。

正是由于逆向 T+0 交易需要先行卖出，因此，投资者可以先将前期资金回笼，随后利用这笔资金进行买入操作，不需要额外准备一笔资金。这是逆向 T+0 交易相较于顺向 T+0 交易的一大优势，也是它可以用于解套和摊平成本的关键。

不过，逆向 T+0 交易在阳线中也有其受限之处，先卖后买的操作需要股价前高后低，而这种状态在阴线中更为常见，阳线中能形成这种走势的，只有冲高回落、涨停板开板后下跌及盘中大幅震荡等几种。不过，这几种阳线走势常见于上升浪的顶部和下跌过程中，还是可用于逃顶和解套的。

可能有些投资者会疑惑，既然股价都快要进入下跌了，为什么还要逆向做 T 再度买进，在顶部抛售就直接离场不行吗？

当然可以，这是很多谨慎的投资者会做出的选择。但其他投资者没有离场而继续做 T 也有其缘由，因为逆向 T+0 交易在下跌之中也有机会盈利。低买高卖和高卖低买本质上是一样的，都是利用价差赚取收益，只要有盈利机会，就会有投资者愿意尝试。因此，逆向 T+0 交易还是很常用的，不比顺向 T+0 交易少见。

No.05　上升浪转向快速反应

形态图解

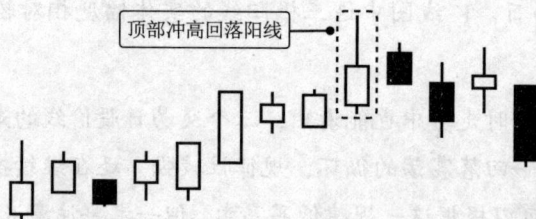

图 3-15　上升浪高位冲高回落阳线示意图

上升浪高位冲高回落阳线可形成于浪 1、浪 3、浪 5 及浪 B 高位，是一根带长上影线的阳线，实体最好较小，盘中冲高回落的走势就能够更清晰，投资者可逆向做 T。

操盘法则

在上升浪的高位，带长上影线的阳线十分常见，第一章中就介绍过不少形态，比如仙人指路、流星线和顶部十字阳线等。这些预示卖出信号的阳线中，冲高回落的走势基本都存在，只是出现位置不定，可能在早盘期间，也可能在尾盘期间。

由于投资者在做 T 时可能无法立即判断出趋势的转变，因此，若冲高回落的走势出现在尾盘，那么投资者很可能就先买后卖，完成顺向 T+0 交易，只有在后续股价下跌后才能确定下跌趋势，进而逆向做 T 解套。

而如果遇到的是开盘后就冲高，甚至直冲涨停板的情况，待到后续出现下跌迹象时，投资者就要及时反应过来，尽快在高点先将手中筹码抛出，随后在低位再次买进一批，开始以逆向 T+0 交易脱离下跌趋势。

重点提示

上升浪高位冲高回落阳线的转势速度可能比较快，考验的就是投资者的反应速度和决断性。当然，这样操作的失误概率也会比较高，比如股价在下跌一段后继续回升，没能创造出更低的买进位置，或者 K 线图中后续的走势依旧是升高的。不过，投资者要清楚，失误是常见的，踏空行情可以再买进，但被套住就很难撤离，就算有逆向 T+0 交易帮助，风险也远比在顶部冲高回落阳线处操作要大。

实盘解读

云图控股（002539）上升浪转向快速逆向做 T 实例讲解

图 3-16 为云图控股 2021 年 8 月至 11 月的 K 线图。

在云图控股 2021 年 8 月至 11 月的这段波浪循环中，高位冲高回落阳线大致形成在三处，即浪 3、浪 5 和浪 B 的高位。尽管浪 3 和浪 B 高位的冲高回落阳线并不是近期价格顶部，但依旧能够传递出见顶下跌的信号，投资者可在其中逆向做 T，下面就来逐一解析。

先来看浪 3 高位的冲高回落阳线，8 月中旬至 9 月上旬，是浪 3 的拉升期。拉升前期 K 线频频收出大阳线，成交量也在逐步放量形成支撑，但在进入 9 月后，量能明显缩减，但股价还在上升，这就意味着回调可能即将到来，浪 3 可能在近期见顶。此时，投资者就要引起高度关注了，一旦股价有形成冲高回落阳线的可能，就要及时逆向做 T，摊平成本。

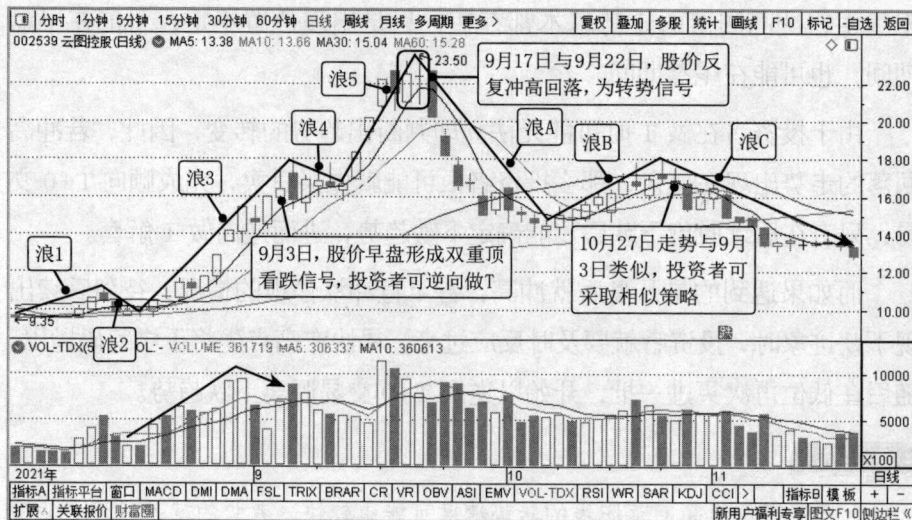

图 3-16　云图控股 2021 年 8 月至 11 月的 K 线图

9 月 3 日就是一个典型的冲高回落阳线，下面来看其分时走势如何。图 3-17 为云图控股 2021 年 9 月 3 日的分时图。

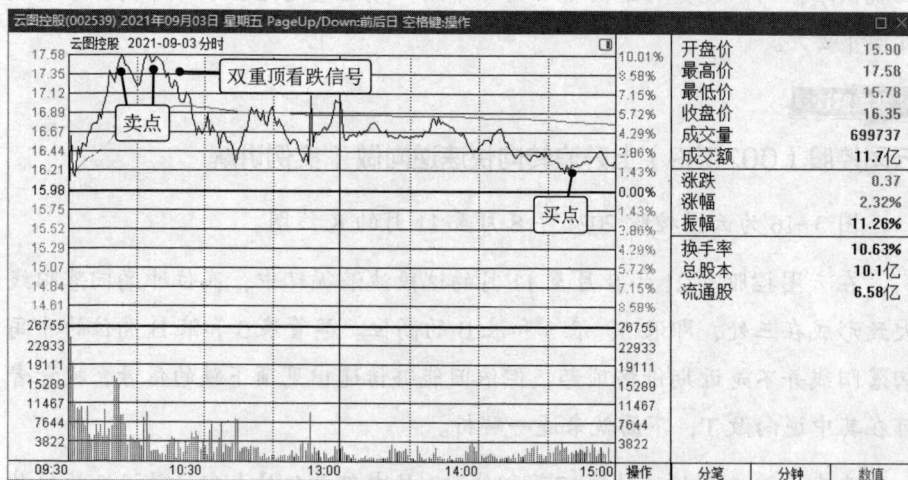

图 3-17　云图控股 2021 年 9 月 3 日的分时图

9 月 3 日，该股以低价开盘后迅速上冲，半个小时内就冲到了 17.58 元的位置，随后小幅回落。10：00 之后股价回升，但在接触到 17.58 元价位线后就再也未能突破，几分钟后再度下跌。股价线在这数十分钟内形成了双重顶的形态，而双重顶正是一个典型的见顶下跌卖出信号，此时投资者就有必要及时在高点卖出，等待股价下滑。

在后续的走势中，该股跌落到均价线下方，随后反复震荡，直到进入尾盘时已经跌到了 16.44 元以下，逆向做 T 的投资者现在就可以买进了。

回到 K 线图中，可以看到，在 9 月 3 日之后股价确实很快出现了回调整理，不过幅度不大，待到浪 5 形成，投资者又可以继续顺向操作。

不过到了 9 月 17 日和 9 月 22 日时，虽然价格创出新高，但上升速度和幅度明显下降，这一点通过 9 月 16 日的大实体阴线就已经有所体现了，浪 5 有见顶的可能。那么，在 9 月 17 日和 9 月 22 日形成冲高回落走势时，投资者就要有所准备了。

图 3-18 为云图控股 2021 年 9 月 17 日和 9 月 22 日的分时图。

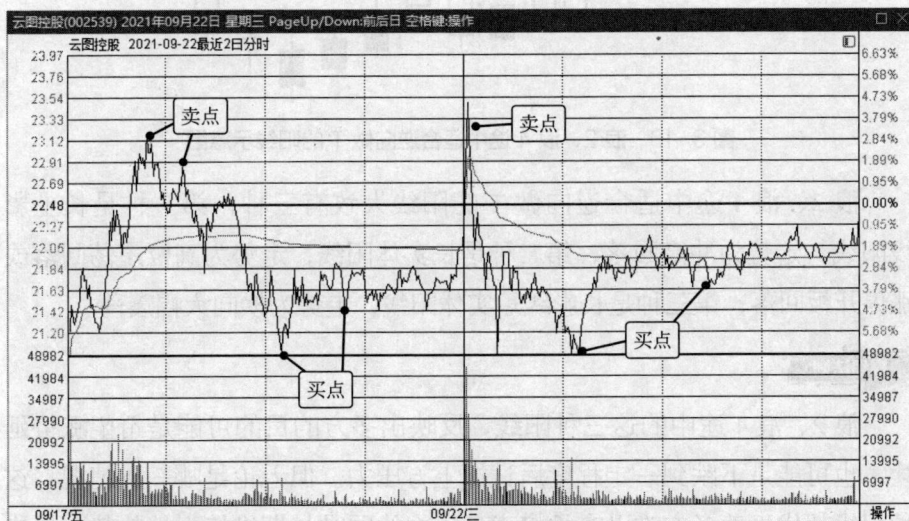

图 3-18　云图控股 2021 年 9 月 17 日和 9 月 22 日的分时图

从这两个交易日的分时走势中可以看出，在早盘期间，股价就呈现出了冲高的趋势，其中9月17日的上冲时间更长，不过上涨幅度没有9月22日大。但综合来看，这两日的走势都比较类似，在创新高后不久就出现了下跌迹象，一路下滑至一定位置后回升，随后小幅震荡，直至收盘。

显然，连续两日呈现出这样的走势，意味着上方压力较大，价格难以突破，浪5可能即将结束，反应快的投资者应当在这两个交易日内及时逆向做T。

从后续的走势可以看到，在浪5转为浪A，再转为浪B后，10月27日其实也形成了一根冲高回落阳线，且其分时走势与9月3日的十分类似，投资者的操作策略也大致一样，这里就不再赘述。

No.06　浪2、浪4途中摊平成本

形态图解

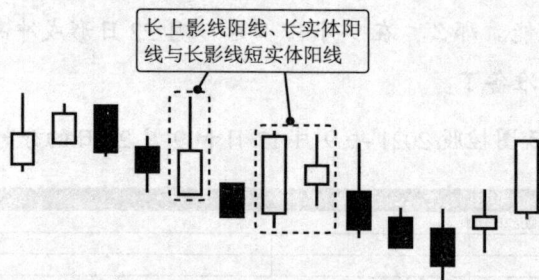

长上影线阳线、长实体阳线与长影线短实体阳线

图3-19　浪2、浪4途中适合逆向做T的阳线示意图

浪2、浪4途中适合逆向做T的阳线大致有三种，第一种是长上影线阳线，走势为冲高回落；第二种是长实体阳线，走势为高位震荡回落或涨停开板回落；第三种是长影线短实体阳线，走势为横向大幅震荡。

操盘法则

浪2、浪4途中的这三种阳线，反映出多方的目的可能是希望涨势延续，也可能是下跌到一定程度后试探上方压力。但无论是哪一种情况，这种阳线都代表着多方难以在承接卖盘压力的同时长期维持上涨趋势，最终以回落收场。尽管K线收阳，但当日走势不算乐观，投资者可以借此逆向做T，达到解套、摊平成本的目的。

不过，由于浪 2 和浪 4 是上涨过程中的调整浪，如果整个波浪循环够大，那么浪 2 和浪 4 还会相应拉长，但有些嵌套在大趋势中的小循环，其间的浪 2 和浪 4 可能就比较短小了，甚至不会出现阳线。因此，投资者可根据实际情况决定是逆向做 T，还是等待上涨后再操作。

实盘解读

海格通信（002465）浪 2、浪 4 途中逆向做 T 实例讲解

图 3-20 为海格通信 2020 年 6 月至 9 月的 K 线图。

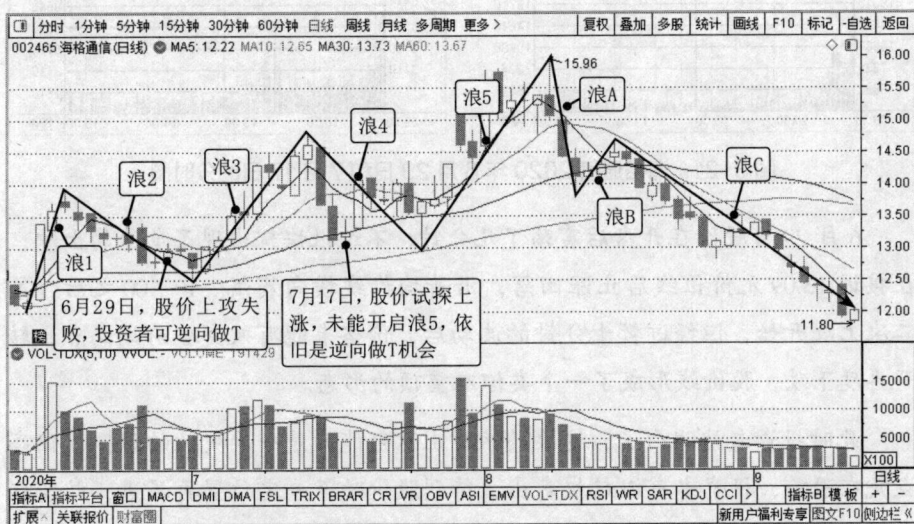

图 3-20　海格通信 2020 年 6 月至 9 月的 K 线图

海格通信这一段波浪循环的周期不长，因此，浪 2 和浪 4 的跌幅不深，维持时间较短。不过，其间还是出现过适合逆向 T+0 交易的阳线，即 6 月 29 日的阳线和 7 月 17 日的阳线。

两根阳线都形成于调整浪的低位，是股价回升的试探性上攻，但短时间内未能突破成功，于是盘中下滑，为投资者创造了逆向做 T 的机会。

下面来看这两个交易日的分时走势如何。

图 3-21 为海格通信 2020 年 6 月 29 日（左）和 2020 年 7 月 17 日（右）的分时图。

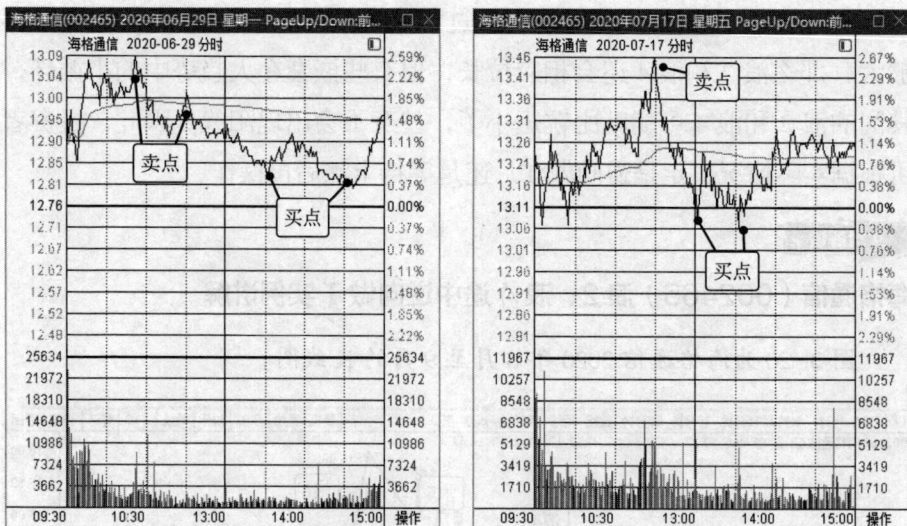

图 3-21　海格通信 2020 年 6 月 29 日和 7 月 17 日的分时图

　　6 月 29 日股价在开盘后震荡了几分钟，不过很快就出现了急速的上冲，在接近 13.09 元价位线后止涨回落，沿着均价线横向震荡。10：00 之后，第二次上攻开始，但经过数十分钟的波动后，价格未能有效突破前期高点，转而再度下跌，股价线形成了一个类似双重顶的形态。

　　此时投资者就明白了，这次的短暂上涨可能只是一次失败的试探，但高点就在眼前，投资者可以趁机卖出，待到股价跌至一定位置再买进，就能在当日完成一次逆向 T+0 交易。

　　再来看 7 月 17 日股价走势，当日股价在开盘后震荡的时间较长，一直到 10：00 之后才有比较明显的上涨走势。11：00 左右，该股向上运行至 13.46 元价位线附近后迅速拐头下跌，由于转折速度过快，股价线形成了一个倒 V 形顶，它与双重顶一样是见顶下跌的信号。

　　投资者在浪 4 底部发现这一现象后，也可以大致判断出当日开启浪 5 的可能性较小，因此，依旧可以借助当日的走势进行逆向 T+0 交易。卖点自然是在股价转折的高处，买点则在后续股价跌破均价线后，反复在低位震荡的过程中，这些低点都可以作为买点。

No.07 浪 A、浪 C 途中分次解套

形态图解

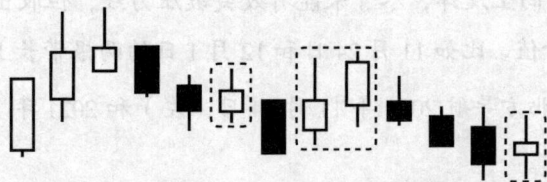

图 3-22 浪 A、浪 C 途中阳线示意图

浪 A 和浪 C 是下跌趋势中的推动浪，也是波浪循环中下跌幅度最大的两个波浪，其间形成的适合逆向做 T 的阳线类型与浪 2、浪 4 中类似。

操盘法则

一般来说，在浪 A 和浪 C 中被套的投资者较多，对解套的需求更为急切。因此，这类投资者就要尽可能多地抓住下跌浪中股价小幅反弹的机会逆向做 T，逐步摊平成本，降低损失，最终达到解套的目的。

实盘解读

北方导航（600435）浪 A、浪 C 途中分次解套实例讲解

图 3-23 为北方导航 2021 年 8 月至 2022 年 1 月的 K 线图。

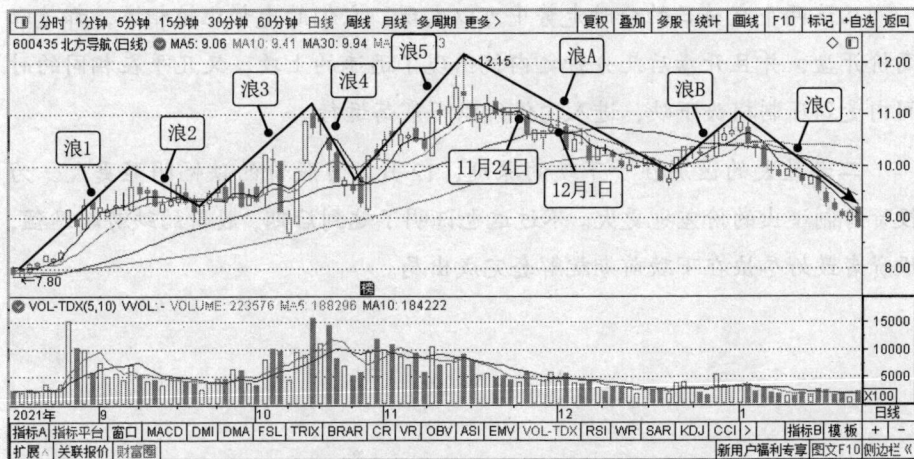

图 3-23 北方导航 2021 年 8 月至 2022 年 1 月的 K 线图

北方导航 2021 年 8 月至 2022 年 1 月的这段波浪循环周期相对较长，那么浪 A 和浪 C 期间给投资者留下的解套机会就更多。尤其是在浪 A 形成过程中，K 线多次向上反弹，尽管未能有效突破压力线，但收出的阳线都有较高的逆向做 T 价值，比如 11 月 24 日和 12 月 1 日的两根带长上影线的阳线。

图 3-24 为北方导航 2021 年 11 月 24 日（左）和 2021 年 12 月 1 日（右）的分时图。

图 3-24　北方导航 2021 年 11 月 24 日和 12 月 1 日的分时图

从这两个交易日的分时走势中可以发现，它们的走势比较相像，都是以高价开盘，并且开盘后几分钟之内就出现了迅速的上攻，又几乎在相同的时间内受到压制拐头下跌，进入均价线以下震荡运行。

二者最大的区别在于下跌的深度，12 月 1 日股价的跌幅明显更大，为投资者制造出的价差也更大。不过这也证明了越到后期，股价的跌势越迅猛，投资者最好尽快在下跌前期就解套完成出局。

第四章

缺口与量能影响阳线信号

缺口与量能对阳线信号的影响主要源于两大理论，即缺口理论和量价理论。这两大理论经过大量实战的验证和补充，已经演变成为股市中极为常见的技术分析方法。单一的阳线走势若能分别结合这两大操盘技术，就能够传递出更加准确的信号，从而帮助投资者进行行情研判。

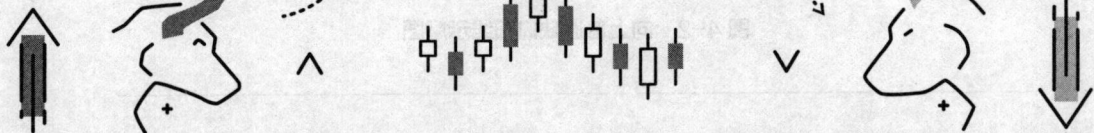

一、四大缺口衔接阳线

缺口理论中的缺口指的是股价在某一时期受到重大利好或利空消息的影响，出现急速涨跌的走势，导致两根K线之间产生的价格真空区域，这个真空区域也叫跳空缺口。由于K线性质的不同，K线之间的缺口可能会出现在如图4-1所示的几种情况中。

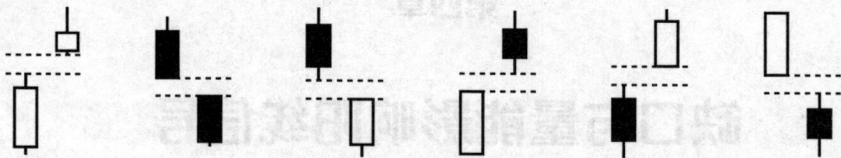

图4-1 缺口形成的不同情况

其实分辨K线之间的缺口，主要观察的是最高价和最低价，K线本身的形态如何并不重要。从图4-1中也可以看到，阳线与阳线、阴线与阴线、阳线与阴线之间都能形成缺口。

根据缺口形成的位置和形成状态，可将其大致分为普通缺口、突破缺口、持续性缺口和消耗性缺口四种。如果再加上缺口形成的方向，那么就会有八种缺口存在，比如向上跳空普通缺口和向下跳空普通缺口等。

当这些缺口衔接上阳线，即形成缺口的第二根关键K线是阳线，那么缺口理论就会为单一的阳线赋予另一重或优或劣的意义，从而影响其发出的信号。

No.01 向上普通缺口阳线很快回补

形态图解

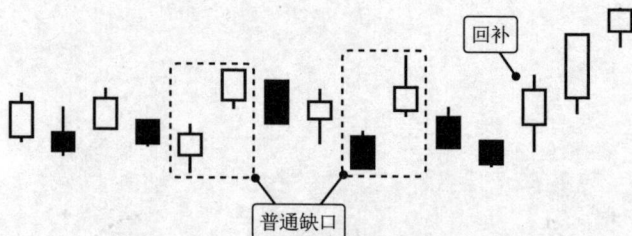

图4-2 向上普通缺口阳线示意图

普通缺口一般在股价横盘整理、小幅震荡、筑顶或筑底的过程中形成，K 线之间的缺口较小，并且很快就会被回补。

操盘法则

普通缺口是股价在震荡过程中偶然形成的缺口，形成原因很难追究，不过它对后市的预示意义不强。就算股价向上跳空，之后紧接着的 K 线是一根阳线，但只要该阳线及其以后的 K 线没能有效突破震荡区间的上边线（即压力线），那么震荡趋势依旧会延续下去，并且跳空形成的缺口也会很快被回补。

因此，普通缺口对于中长线投资者和部分短线投资者来说并没有太多实战意义。但对于超短线投资者和另外一些短线投资者来说，普通缺口也是有使用价值的，毕竟跳空的缺口也是一段相对较大的价差。

如果投资者能够抓住时机在向上跳空后的位置迅速卖出，随后在股价回补的低位再度买进，那么就能将这一段收益纳入囊中。

重点提示

普通缺口的回补通常来得很快，一般在数日后就能完成，这也比较符合短线投资者的操盘时间。投资者在高抛后需要及时低吸，否则就失去了短线操盘的意义。

实盘解读

莱茵生物（002166）向上普通缺口阳线实战

图 4-3 为莱茵生物 2019 年 9 月至 12 月的 K 线图。

在莱茵生物的这段股价走势中，从 2019 年 9 月底，就开始了小幅震荡走势，股价长时间维持在 7.20 元至 7.80 元。其间的普通缺口十分明显，那就是 10 月 23 日的阴线与 10 月 24 日的阳线之间的一个较大的缺口。

而市场对这一缺口的回补相当快，缺口刚形成的次日，也就是 10 月 25 日，该股就以一根低开的阳线补上了价格真空区域。但也正因如此，该股未能在后续连续收阳的情况下突破前期高点，那么这一缺口就可以被认定为普通缺口，后市依旧横盘的概率较大。

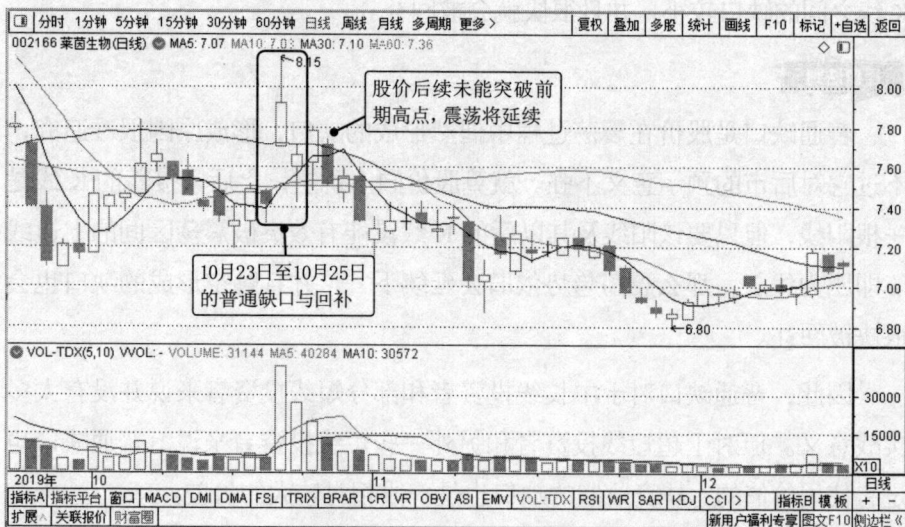

图 4-3　莱茵生物 2019 年 9 月至 12 月的 K 线图

下面通过三个交易日的分时走势来分析其中的买卖点如何选择。

图 4-4 为莱茵生物 2019 年 10 月 23 日至 10 月 25 日的分时图。

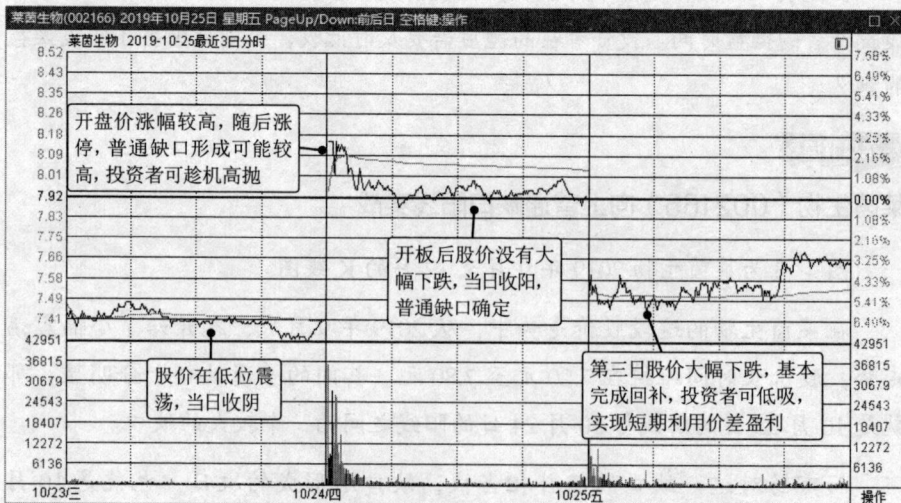

图 4-4　莱茵生物 2019 年 10 月 23 日至 10 月 25 日的分时图

从莱茵生物的分时走势可以看到，10月23日，股价长时间在7.41元价位线附近运行，只是在尾盘期间的波动幅度较大，最终以低价收盘，当日形成一根阴线，最高价约为7.49元。

10月24日，股价直接以跳空高开的方式开盘，开盘价相对较高，单单开盘就已经有了3.91%的涨幅。在开盘后，股价依旧在急速上冲，几分钟内就冲上了涨停板。

此时，该股收阳并形成向上跳空缺口的趋势已经比较明显了，就算股价后续开板大幅下跌，短线投资者在此高位卖出也有盈利的机会。因此，短线投资者就可以果断在股价涨停期间尽早挂出卖单，或者在开板后第一时间卖出，尽量在8.00元价位线以上的位置实现高抛。

从当日后续的走势来看，该股在涨停板打开后确实有下跌，但跌至7.92元价位线附近后就止跌了，随后长时间在此价位线附近震荡，收盘价也远远高于前日收盘价，最低价就是开盘价。此时，股价收阳向上跳空形成的缺口就非常确定了，已经卖出的投资者要注意回补的买入时机。

10月25日，股价大幅低开，在开盘后反复震荡并下滑，随后长时间在7.49元价位线附近震荡运行。此时，市场已经基本完成了对普通缺口的回补，反应快的投资者就可以在低位震荡区域买进，也就是7.50元价位线附近，完成一次高抛低吸操作。那么综合来看，如果投资者操作得好，此次的收益就能有约6.67%［（8.00-7.50）÷7.50］，可见普通缺口的参考价值也是不错的。

No.02　向上突破缺口阳线迅速跟进

形态图解

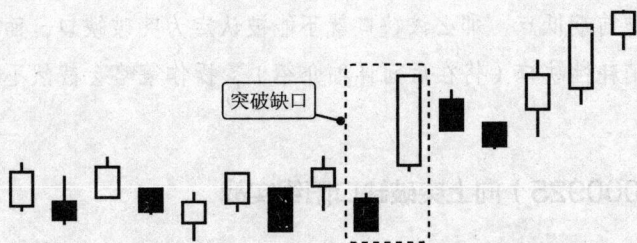

图4-5　向上突破缺口阳线示意图

向上突破缺口指的是在股价横盘整理、小幅震荡或筑底的后期形成的，能够有效突破前期高点并开启一波上涨的缺口。

操盘法则

向上突破缺口一般后接的都是涨幅较大的阳线，代表市场推涨力量的强劲。如果前期股价处于相对低位或者处于上涨行情的整理区域，那么突破缺口形成之后，股价的涨势可能比较迅猛，突破缺口后接的阳线就是一个很好的介入机会。

不过，正因为突破缺口后续的拉升速度较快，市场后续对突破缺口的回补一般不会在短短数日内进行，而是在下一次股价回调的过程中再回补，甚至在行情转入下跌后回补。

因此，普通缺口的短期高抛低吸的操作手法就不太适用于突破缺口。短线投资者及其他投资者在突破缺口买进后，只要拉升还在继续，投资者就可以一直持股待涨，直到深度回调或反转的到来再择机卖出。

重点提示

◆ 注意，并不是所有的突破缺口回补时间都较长。有些情况下，突破缺口在形成后不久，多方会进行一次对市场支撑性的试探，也就是会出现幅度较深的回踩，这一波回踩就有可能将突破缺口回补。如果有投资者已经在突破缺口阳线的位置卖出了，那么回补的位置就可以作为买进点，既能赶上拉升，又能赚取突破缺口的差价收益。

◆ 如果向上跳空缺口形成后，股价回踩后继续上升，那么该缺口确实是突破缺口。但如果向上跳空缺口形成后，股价出现了震荡走势，甚至跌破前期低点，那么该缺口就不能被认定为突破缺口，而是普通缺口或消耗性缺口（将在后面详细介绍），操作策略会截然不同。

实盘解读

众合科技（000925）向上突破缺口阳线实战

图4-6为众合科技2021年1月至7月的K线图。

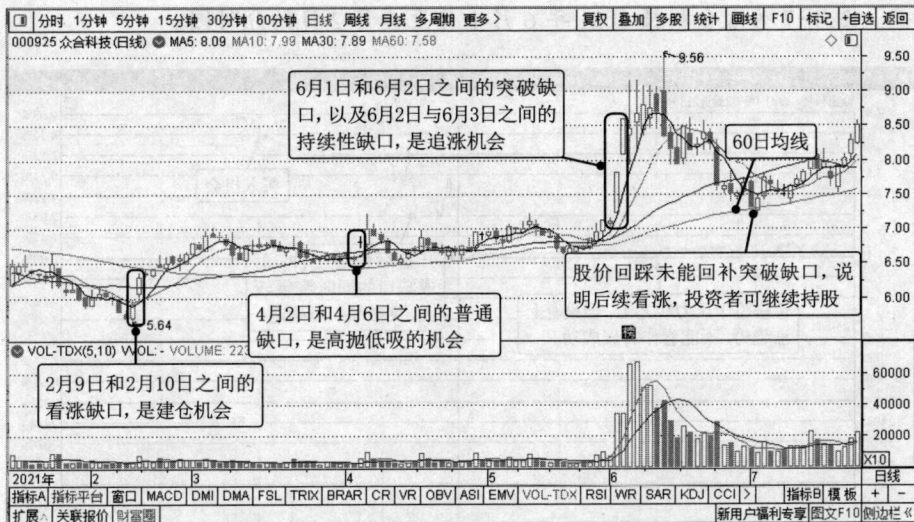

图4-6 众合科技2021年1月至7月的K线图

从众合科技这段股价走势可以看出，该股正在经历从低位回升后横盘整理，随后继续拉升的过程。但在长达7个月的时间内，K线之间出现的缺口也只有四处，可见跳空缺口也不是那么容易形成的。

第一处缺口在2月9日和2月10日之间，是该股从低位回升后形成的向上跳空缺口，前后的K线都是阳线。不过由于当前的位置处于股价震荡下跌的低位，此次缺口出现后股价也没有在短时间内突破前期高点，因此，这个缺口很难界定为哪一类。但其发出的看多信号还是比较明确的，激进的投资者依旧可以在此建仓。

第二处缺口在4月2日和4月6日之间，此时该股已经进入见底回升后横盘整理的阶段，那么该缺口就很有可能是普通缺口，短线投资者可以进行高抛低吸操作。后续股价短暂突破压力线，也就是7.00元价位线后回落的走势也证实了这一点，横盘整理将继续进行。

随着股价不断上探压力线，市场积攒的突破动能越来越强，直到6月2日突然爆发，在形成第三处缺口的同时大幅收阳，成功突破了7.00元价位线。那么，6月1日和6月2日之间形成的就是比较明确的突破缺口，投资者可以在此快速入场待涨。

下面来看看这两个交易日的分时走势如何。

图 4-7 为众合科技 2021 年 6 月 1 日至 6 月 2 日的分时图。

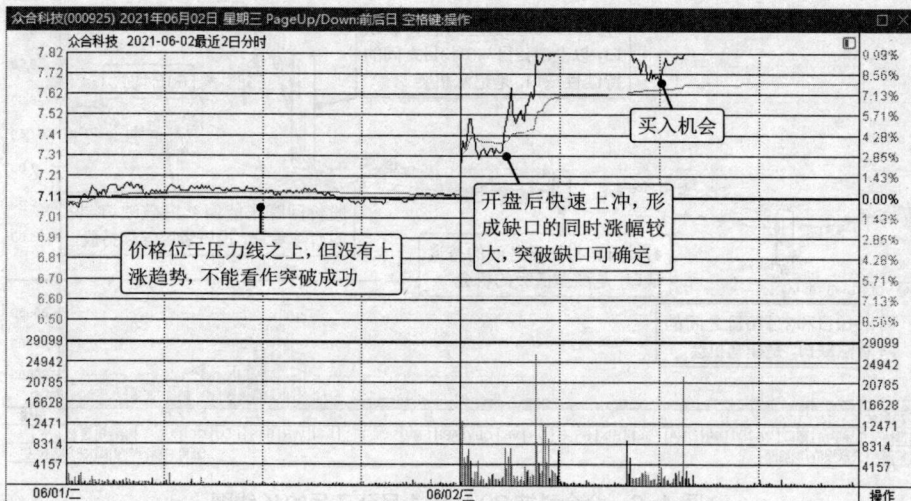

图 4-7 众合科技 2021 年 6 月 1 日至 6 月 2 日的分时图

其实在 6 月 1 日，股价就已经运行到 7.00 元价位线以上了，但在没有明显上涨迹象的情况下，依旧不能将其看作成功的突破，因此，6 月 1 日不是一个好的介入点。当日收盘价为 7.11 元，最高价为 7.18 元。

6 月 2 日，该股以 7.24 元的价格向上跳空开盘，并且在开盘后呈现出了阶梯式的上升，在开盘后一个小时内就冲上了涨停板，在成功突破压力线，与前一根 K 线形成缺口的同时，也表现出了明确的拉升迹象。

就算当日走势还未结束，但投资者已经可以在 K 线图中看到一根实体较长的突破缺口阳线了。那么，结合理论买点和实际情况，投资者就可以在 6 月 2 日当天挂出买单，抓住突破缺口制造的时机入场。

回到 K 线图中，可以看到第四处缺口紧跟其后，就在 6 月 2 日和 6 月 3 日之间形成，不过这个缺口不属于突破缺口，而是应该算作持续性缺口，这一知识点将在下一节中讲到。但就算没有学习这部分内容，投资者依旧可以看出这是一个看涨信号。

在 6 月中上旬该股创出 9.56 元的阶段新高后，又进行了一次幅度较深的回踩，但价格在接触到 60 日均线后就止跌回升，进入下一波上涨之中了，并未完成对突破缺口的回补，可见后续该股的上涨空间较大，突破缺口应该会在行情转为下跌之后被回补。

No.03　向上持续缺口阳线可以加仓

形态图解

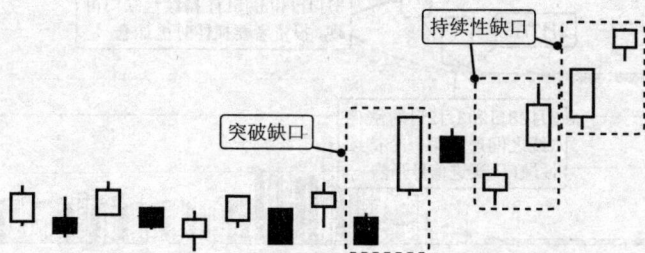

图 4-8　向上持续缺口阳线示意图

持续性缺口形成于突破缺口之后，是股价在持续拉升过程中出现的跳空缺口，可能接连出现，也可能单独形成。

操盘法则

持续性缺口顾名思义，代表着股价的持续上涨，其形成的位置在拉升过程中，前后的 K 线大概率都是阳线。持续性缺口与突破缺口一样，都是非常积极的看多信号，短时间内股价的涨势迅猛且确定，如果投资者前期已经建仓，那么持续性缺口的位置就可以视作加仓点。

不过，投资者在加仓时一定要注意股价是否已经进入了上涨动能衰减期，量能是否有所不足而难以支撑后续涨势，从而避免高位加仓被套。

重点提示

持续性缺口形成于突破缺口之后，并不意味着前期必须存在突破缺口。突破缺口只是一个整理阶段结束的确定性信号，而不是持续性缺口认定的必要条件，这一点投资者要注意。

实盘解读

保变电气（600550）向上持续缺口阳线实战

图 4-9 为保变电气 2020 年 1 月至 4 月的 K 线图。

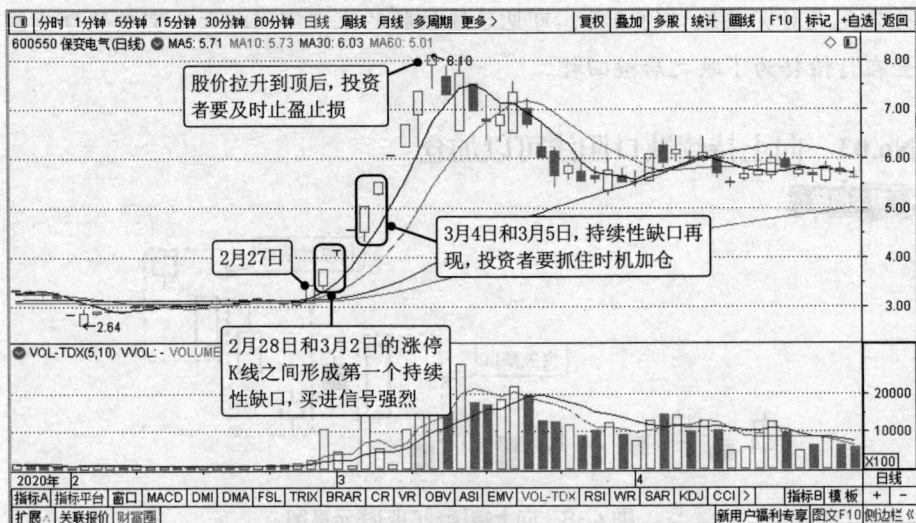

图 4-9　保变电气 2020 年 1 月至 4 月的 K 线图

持续性缺口最容易出现的位置就是连续涨停式拉升阶段中，正如保变电气在 2020 年 2 月底至 3 月中上旬的这段走势。

从 K 线图中可以看到，该股在 2 月底之前长时间维持在 3.00 元价位线附近横盘运行，整体涨跌幅度都比较小。直到 2 月 27 日，该股突然开始大幅收阳上涨，随后在连续的涨停中急速拉升至高位，在拉升期间，持续性缺口多次出现，代表着涨势的迅猛。

不过，连续涨停留给投资者的买入机会不像一般的拉升那么多，毕竟待到涨停板封住后，投资者再挂买单是很难成交的。因此，投资者只能尽量在股价没来得及封板时，或是开板交易时买进，这就要求投资者在拉升期间持续关注该股走向。

下面就选取这段连续涨停走势中比较容易介入的四个交易日，分析持续性缺口连续形成时，投资者应当如何抓住时机建仓甚至加仓。

图 4-10 为保变电气 2020 年 2 月 28 日和 3 月 2 日的分时图（左），以及 2020 年 3 月 4 日和 3 月 5 日的分时图（右）。

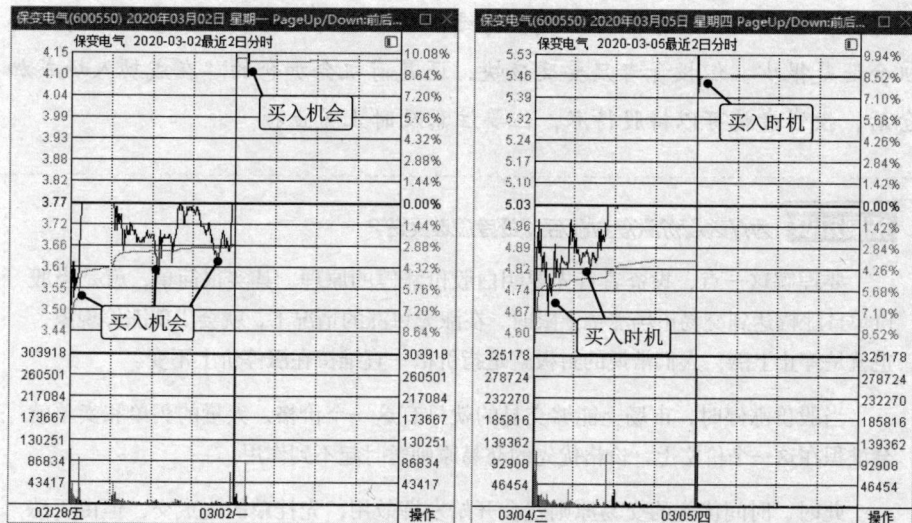

图 4-10　保变电气持续性缺口介入日的分时图

2 月 28 日和 3 月 2 日是该股刚开始涨停收阳后，形成第一个持续性缺口的两个交易日。从其分时走势可以看到，在 2 月 28 日股价就呈现出了急切的上涨走势，开盘后震荡了几分钟就直冲涨停板，一直封板到 10：30 之后才开板交易，同时小幅下滑，落到均价线上震荡运行。

尽管当日还未收盘，持续性缺口也没有出现，但连续两个交易日的涨停（2 月 27 日也收出了涨停阳线）已经充分说明了拉升的开启，投资者完全可以在涨停板打开后迅速建仓。

3 月 2 日，该股直接以涨停开盘，全天仅在 9：46～9：48 V 字开板两分钟，其余交易时间内涨停板持续封板，直至收盘，当日收出一根倒 T 字线，与前一根阳线形成了较大的持续性缺口。由此可见，当日该股涨势迅猛，但留给投资者的买进机会极少，如果无法在开板两分钟内买进，投资者就要对该股保持持续关注，以尽早抓住时机入场。

3 月 4 日，时机来临，一字涨停结束后，该股终于在抛压的影响下以低价开盘。不过市场助涨力度依旧强势，股价依旧有涨停趋势，那么投资者就要在开盘后震荡的时间内迅速建仓或者加仓。

3 月 5 日，该股再次以高价跳空开盘，并且在开盘后一分钟内就冲上了涨停板，当日收出一根涨停阳线，持续性缺口也再度形成。尽管当日的买进机会还是很少，但投资者只要反应快，还是有机会加仓的。在成功入场或加仓后，投资者就可以持股待涨，但要注意及时止盈止损。

拓展知识 *为什么股价涨停封板后投资者很难买进？*

要理解这一点，投资者首先要明白股价涨停的原理。其实很简单，就是当股价单日涨幅达到交易市场涨幅上限时，在涨无可涨的情况下，就会出现涨停现象，也就是停止上涨，人们常说的封板就是指价格一直维持在涨停价上不变。

当股价涨停时，市场上能够交易的就只有这一个价格，大量的买单和卖单就会堆积在这一个价格上，价格优先的交易原则暂时起不到作用。

此时，时间优先的交易原则就会开始发挥效用，先挂单的先成交，但由于涨停时市场内的买单数量远远大于卖单，就算短时间内能把卖单全部消化完毕，大批买单依旧在等待，所以，挂单稍慢的投资者可能一整个交易日都无法排上号，自然也就很难买进。

这就好像交通拥堵现场，能通行的只有一条路，而且还要有通行证才能通过。通行证发放缓慢，后面排队的车辆还越来越多，那这种拥堵状况就可能一直得不到缓解，一整日都只能维持现状。

No.04 向上消耗缺口阳线谨慎持股

形态图解

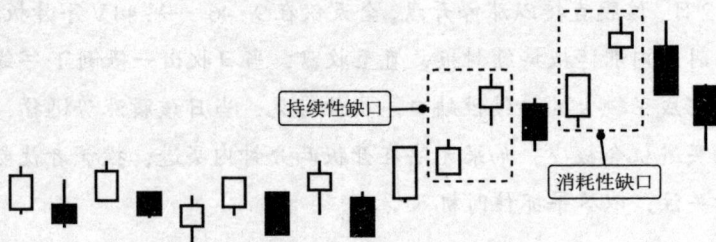

图 4-11 向上消耗缺口阳线示意图

消耗性缺口是形成于行情高位或阶段高位的向上跳空缺口，紧随其后的阳线可能带有长上影线，或出现成交量缩减的情况。

操盘法则

　　消耗性缺口消耗的是多方推涨的动能，当动能消耗殆尽，那么股价就可能会在短时间内转入下跌之中。由此可见，消耗性缺口不同于前面三种缺口，它的出现传递的是后市看跌的信号。

　　但事实上，消耗性缺口在技术形态上与持续性缺口并无差别，甚至与普通缺口和突破缺口都是一样的，这就导致许多投资者只有等到股价彻底转入下跌了，才能意识到消耗性缺口的出现和卖出信号的产生。

　　显然，单靠 K 线的技术形态并不能帮助投资者尽早判断出消耗性缺口的出现，更难以实现提前预警信号的意义。因此，投资者就要在操盘过程中从多方面进行分析，提前预判顶部的到来。这种分析方法在前面的案例中也多次介绍过，主要观察的就是成交量和分时交易数据。

　　下面就直接来进行实战，帮助投资者分析该如何借助消耗性缺口提前出局。

实盘解读

川发龙蟒（002312）向上消耗缺口阳线实战

　　图 4-12 为川发龙蟒 2022 年 4 月至 9 月的 K 线图。

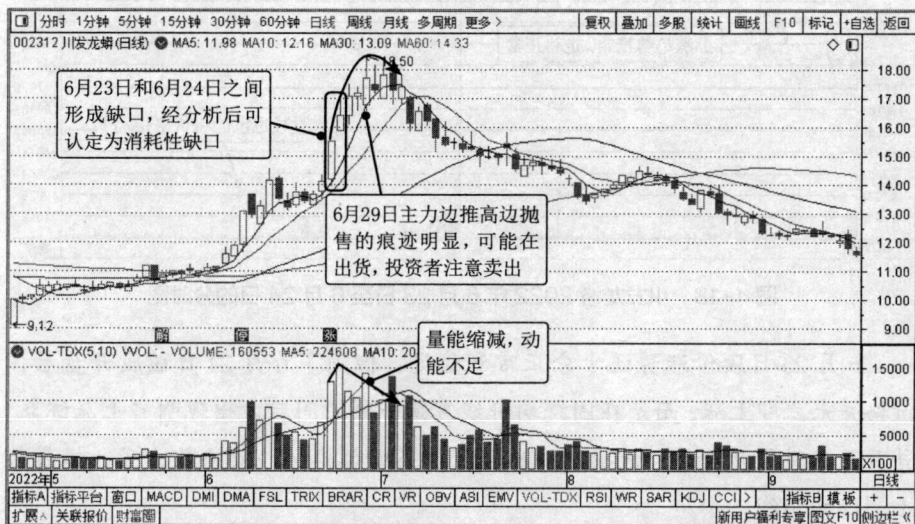

图 4-12　川发龙蟒 2022 年 4 月至 9 月的 K 线图

图 4-12 中展示的是川发龙蟒一段完整的股价涨跌周期，2022 年 4 月底至 6 月，股价正处于上涨阶段，其间 K 线多数时间都在收阳上涨，阶梯式上升的走势明显，证明该股涨势比较稳定。

观察成交量也可以发现，前期股价涨势确实稳定，量能配合放大。但在 6 月 23 日和 6 月 24 日两日连续大幅收阳，并形成一个向上跳空缺口后，K 线再次收阳上升的速度就明显减缓，成交量量能也出现了渐次下滑的现象。

这可能是上涨动能不足，股价即将筑顶的信号。而这种信号在 6 月 23 日和 6 月 24 日的缺口形成时已经有所表现了，后续该股的表现也在逐步印证这一点。

下面先来看看这两个交易日的分时走势。

图 4-13 为川发龙蟒 2022 年 6 月 23 日至 6 月 24 日的分时图。

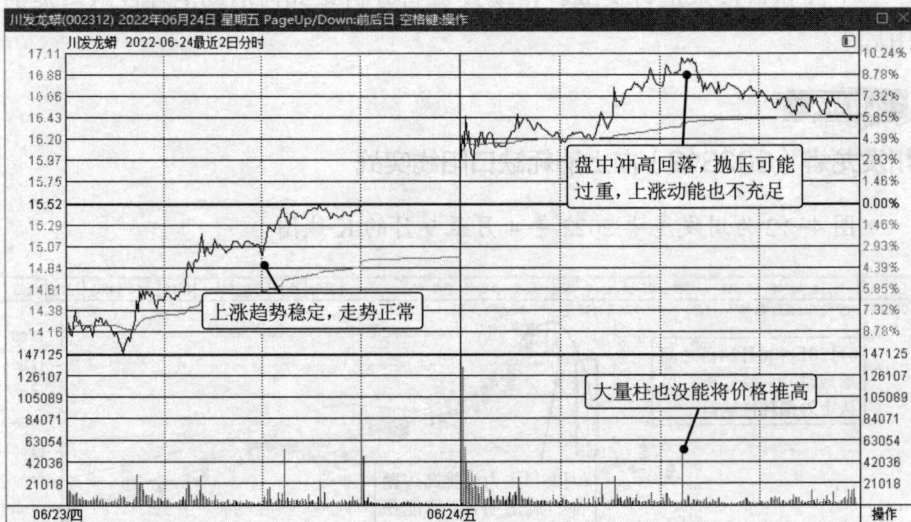

图 4-13　川发龙蟒 2022 年 6 月 23 日至 6 月 24 日的分时图

6 月 23 日股价涨势还十分正常和稳定，但到了 6 月 24 日该股开盘后，价格并未立即上涨，而是在围绕均价线震荡一段时间后才出现明显上涨迹象。并且下午时段开盘后，该股很快出现了冲高回落走势，最终收出了一根带长上影线的阳线。

这有可能意味着场内抛压较强，买盘一时间难以顶着这波压力快速上升，才出现冲高回落的走势，但也不排除是主力出货导致的价格下跌。

如果仔细观察 6 月 29 日股价见顶当日的分笔交易数据，会发现主力推高出货的意图更加明显。

图 4-14 为川发龙蟒 2022 年 6 月 29 日的部分分笔交易数据。

时间	价格	成交量	方向	笔数	时间	价格	成交量	方向	笔数	时间	价格	成交量	方向	笔数
09:31	17.18	990	S	62	09:51	16.80	695	S	67	13:46	17.13	571	S	51
09:31	17.17	767	S	77	09:51	16.81	2750	B	281	13:46	17.16	534	B	48
09:31	17.17	575	B	51	09:51	16.80	413	S	54	13:46	17.20	5065	B	227
09:31	17.15	845	S	59	09:51	16.80	3430	S	275	13:46	17.19	5994	B	288
09:31	17.11	593	S	65	09:51	16.80	632	S	64	13:46	17.22	687	B	60
09:31	17.07	1509	S	64	09:51	16.79	1144	S	83	13:46	17.26	3165	B	185
09:31	17.04	359	S	30	09:51	16.84	1511	B	189	13:46	17.27	2170	S	108
09:31	17.01	440	S	50	09:51	16.80	284	S	27	13:46	17.40	4186	B	184
09:31	17.00	198	S	41	09:51	16.80	432	S	28	13:46	17.42	784	B	64
09:31	17.00	105	S	18	09:52	16.80	102	S	19	13:46	17.46	1324	B	86
09:31	16.99	314	S	56	09:52	16.80	511	S	50	13:46	17.47	336	B	50
09:32	16.94	354	S	46	09:52	16.80	660	B	68	13:47	17.47	1458	B	117
09:32	16.93	666	S	85	09:52	16.79	173		18	13:47	17.49	2978	B	224
09:32	16.93	619	S	42	09:52	16.78	709	S	165	13:47	17.47	1803	S	197
09:32	16.92	1169	S	109	09:52	16.77	80	S	13	13:47	17.45	4323	S	201
09:32	16.92	1688	S	205	09:52	16.77	601	S	49	13:47	17.44	1221	S	102

图 4-14 川发龙蟒 2022 年 6 月 29 日的部分分笔交易数据

当投资者在 6 月 24 日发现行情有见顶迹象后，基本就可以将 6 月 23 日和 6 月 24 日的缺口认定为消耗性缺口，进而及时在消耗性缺口处出局，或是在后续上涨乏力的阶段卖出，避开后市可能的下跌。

No.05 向下跳空缺口阳线特殊对待

形态图解

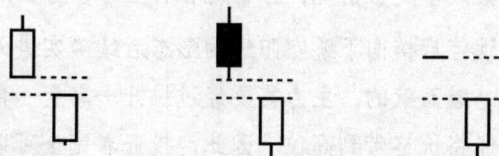

图 4-15 向下跳空缺口阳线示意图

向下跳空缺口阳线指的是第二根形成缺口的阳线最高价低于前一根 K 线的最低价，前一根 K 线可阴可阳，也可以是一字跌停。

操盘法则

向下跳空缺口与向上跳空缺口一样有四种类型，即普通缺口、突破缺口、持续性缺口和消耗性缺口，但向下跳空缺口后跟阳线的情况比较少见。

它代表着当日价格大幅低开，股价盘中回升都没能超过前日最低价，一般是多方反击失败的表现。

但有些情况下，这种向下跳空缺口阳线却是新行情开启的标志。最常见的是在股价经历了长时间下跌后的低位横盘区域，某一时刻价格突然加速下跌，甚至收出一字跌停，随后股价大幅低开后盘中高走，形成一根实体较长的阳线，与前一根一字跌停之间形成向下跳空的缺口。

这种形态之所以会成为新行情起始的标志，主要在于主力。在本就交投冷淡的低位形成突兀的一字跌停，很明显不是散户能做到的，那么主力的意图为何呢？其实主要就是为了快速压价，在低位吸取大量筹码，降低持股成本。

吸筹的目的达到了，拉升还会远吗？待到时机成熟，主力大概率会在短期内迅速拉涨，上述的这种一字跌停后接向下跳空阳线的形态，就是主力开始发力的标志，激进的投资者甚至可以在当日就建仓了。

重点提示

◆ 并不是所有一字跌停后接向下跳空阳线的形态都是拉升的起始，有时它单纯的只是代表多方反弹但未能突破的情况，后市将很快再度回到下跌之中。投资者不要一见到这种形态就盲目操作，必要时可进入分时图中观察大单交易情况，分析是否有主力参与吸筹。

◆ 即便一字跌停后接向下跳空阳线的形态后续确实进入上涨之中，但拉升也不是一蹴而就的，主力需要经过拉升→震仓→再拉升→再震仓的过程，才能将价格带到高位。因此，投资者完全可以在股价彻底进入稳定的上涨之中才建仓买进，这样可能会损失一部分的收益，但胜在安全性相对较高。

实盘解读

新乳业（002946）一字跌停后接向下跳空阳线形态实战

图4-16为新乳业2020年1月至8月的K线图。

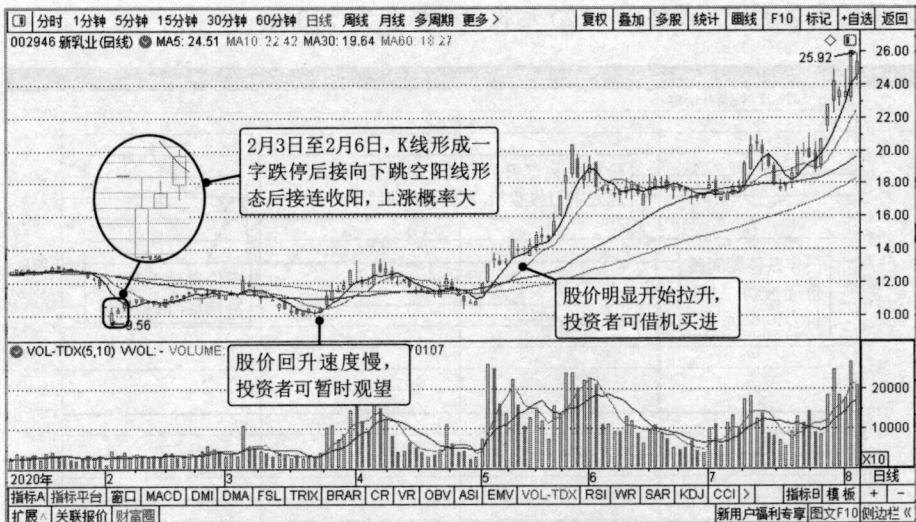

图 4-16 新乳业 2020 年 1 月至 8 月的 K 线图

从图 4-16 中可以看到，新乳业的这段股价走势是上涨初期的状态。2020 年 1 月，股价大部分时间都在 12.00 元价位线上方横盘运行，震荡幅度偏窄。直到 1 月底，该股开始逐步收阴下跌，在跌破横盘区间下边线后，于 2 月 3 日以一根一字跌停加速下滑到 10.00 元价位线以上，主力压价痕迹明显。

而在后续的几个交易日内，股价先是在 2 月 4 日收出一根大幅跳空低开的阳线，与 2 月 3 日的一字跌停形成了一个缺口，二者构成了一字跌停后接向下跳空阳线的形态。

随后，K 线连续收阳上涨，尽管短期涨幅不大，也并没有在很短时间内突破前期高点，但股价回升的信号还是存在的，这一点从这几个交易日的分时走势中可以更加清晰地分辨出。

图 4-17 为新乳业 2020 年 2 月 3 日至 2 月 6 日的分时图。

2 月 3 日的跌停价为 10.62 元，从分时走势中可以看到，在整个交易日内股价都没有产生过任何波动。

2 月 4 日，该股低开，随后在第一分钟就急速上冲，但未能在第一波上攻中突破 10.62 元，股价在创出 10.60 元的高价后就回落到均价线附近，随后继续震荡运行，最终以 10.20 元收出一根长实体阳线。

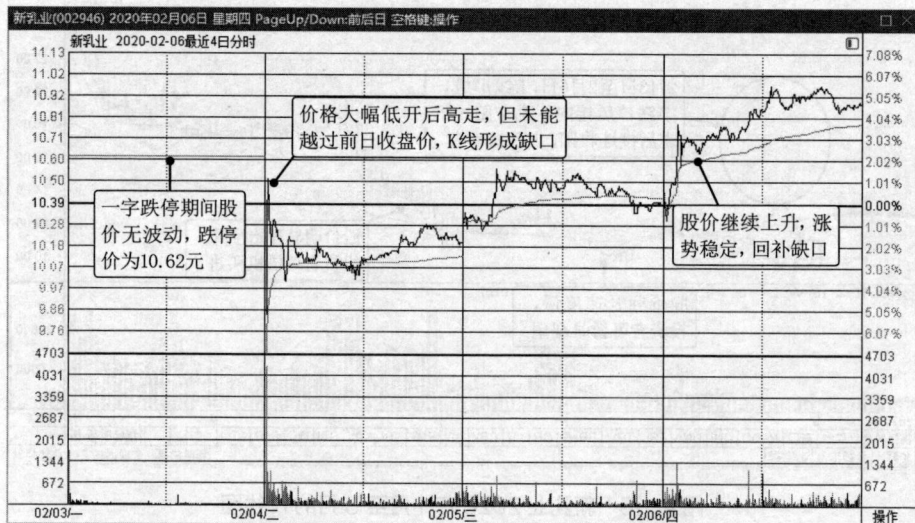

图 4-17　新乳业 2020 年 2 月 3 日至 2 月 6 日的分时图

从后续两个交易日的分时走势可以看到，股价收阳的持续性还是比较强的，连续数日都在震荡中稳步上升，直到越过 10.62 元，完成对缺口的回补。

结合该股后续连续收阳的表现，再加上一字跌停后接向下跳空阳线形态的形成，投资者基本可以判定后市股价上涨的概率较大。不过由于此时股价回升的幅度较小，均线也依旧呈压制状态，投资者入场的风险性较大，因此可以先观察一段时间。

回到 K 线图中，投资者可以看到，一字跌停后接向下跳空阳线形态出现后，该股长时间维持在 10.00 元价位线上方震荡，直到 5 月初才出现明显的上升走势。这是上涨行情彻底开启的标志，在前期一直保持观望或已经建仓的投资者，此时就可以建仓或加仓了。

二、量能缩放对阳线信号的影响

成交量对于股价的影响极大，不同的量能形态，不同的买卖盘交易过程，都可能导致价格产生不同的走向。可以说，成交量就是价格波动的深层次推动力，毕竟价格的形成靠的就是双方的交易与协调。

根据量价理论，价格与成交量之间存在九种关系，分别是量增价涨、量增价跌、量增价平、量缩价涨、量缩价跌、量缩价平、量平价涨、量平价跌及量平价平。

根据量价之间的走向顺逆，可将这九种量价关系分为量价配合和量价背离两大类。其中，量增价涨、量缩价跌和量平价平就是量价配合关系，其余六种则都属于量价背离关系。

量价理论发展至今，内容经过了无数次考验，依旧能够在纷繁复杂的股市技术分析理论中占据一席之地，必然有其可取之处。量价理论中的每一种量价关系都有其形成原理和预示意义，若能够将其中一些量价关系与K线收阳结合起来，就能够帮助投资者更加有效地分析局势。

这种结合方式在前面的部分案例中也有过展示，投资者的感受应该也是比较清晰的，但在缺乏细致分析原理的情况下，投资者在使用时可能还是会存疑。那么本节就将阳线与量价理论相结合，进一步分析成交量与价格之间相互影响的原理和预示意义。

No.06 巨量阳线

形态图解

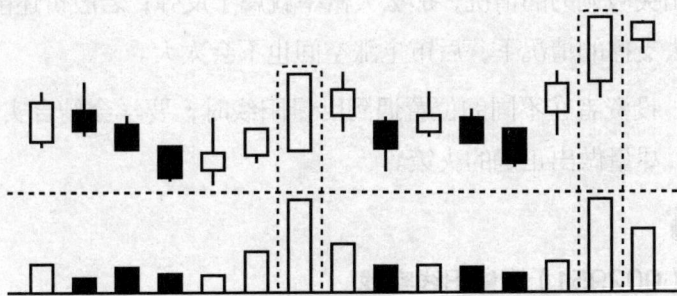

图4-18 巨量阳线示意图

巨量阳线指的是当K线收出实体较长、上下影线较短的阳线时，成交量同步放出巨量，量价之间形成配合关系。

操盘法则

成交量的巨量并没有一个确切的标志，只要相较于前期有明显放大就可以。量能放大的幅度越大，阳线实体越长，上下影线越短，那么巨量阳线传递出的信号就越明显。

巨量阳线形成的位置不定，上涨行情初期、拉升过程中、阶段顶部、行情顶部和下跌反弹起始等位置都可能存在巨量阳线的身影。正是由于形成位置多变，巨量阳线的信号也不统一。

①当巨量阳线出现在相对低位，尤其是突破前期高点或横盘区间上边线时，所代表的含义一般都是后市看涨。如果后续K线能够继续收阳，那么这种信号将更加强烈。

②当巨量阳线出现在价格高位或者拉升后期时，就算当日成交量形成巨量，投资者也要注意股价冲高回落的可能性。如果要追涨，一定要更加谨慎小心，随时准备止盈出局。

③当巨量阳线出现在下跌行情之中，尤其是距离行情顶部不远时，主力发力推涨，准备借第二次拉升来推高出货的概率比较大。

投资者若难以分辨这一波拉升是下跌趋势的反弹还是上涨行情的延续，就可以借助成交量来分辨：如果第二波拉升的量能峰值不如前期，股价也呈现出突破无力的情况，那么大概率就属于反弹；若股价还能创新高，那么在失去支撑的情况下，后市上涨空间也不会太大。

因此，投资者在不同的位置遇到巨量阳线时，要学会结合实际分析，灵活变通，尽量做出正确的决策。

实盘解读

金时科技（002951）巨量阳线实战

图4-19为金时科技2021年12月至2022年4月的K线图。

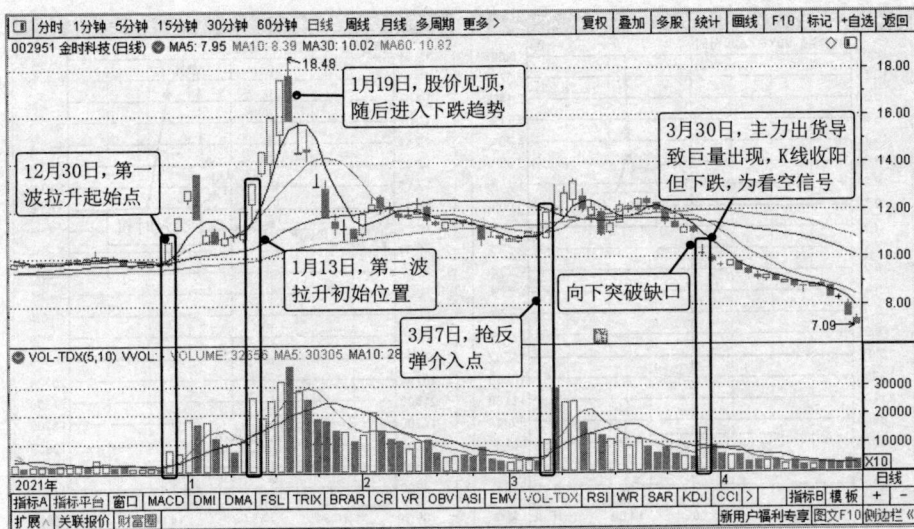

图4-19 金时科技2021年12月至2022年4月的K线图

在金时科技股价的整段涨跌走势中，能够被称为巨量阳线的K线很多，但比较具有分析价值的有四处，分别是上涨趋势中2021年12月30日和2022年1月13日的巨量阳线，以及下跌趋势中2022年3月7日和3月30日的巨量阳线，下面就来逐一进行分析。

先来看上涨趋势中的两根巨量阳线。2021年12月，股价长时间处于10.00元价位线附近横盘震荡，这样的状态一直到12月30日K线大幅收阳涨停才被打破。当日量能相较于前日有明显增长，可以视作巨量阳线，那么它发出的大概率就是拉升开始的看涨信号。

而2022年1月13日则形成于股价回调完成后再次拉升的过程中，是K线恢复大幅收阳的第二个交易日。从K线图中就可以看到，尽管都是涨停阳线，但当日量能的高度远比2021年12月30日的高，证明市场拉升的积极性正在不断增长，看多信号明显。

下面来看看这两个交易日的分时走势如何，投资者又应当在何处买进。

图4-20为金时科技2021年12月30日（左）和2022年1月13日的分时图（右）。

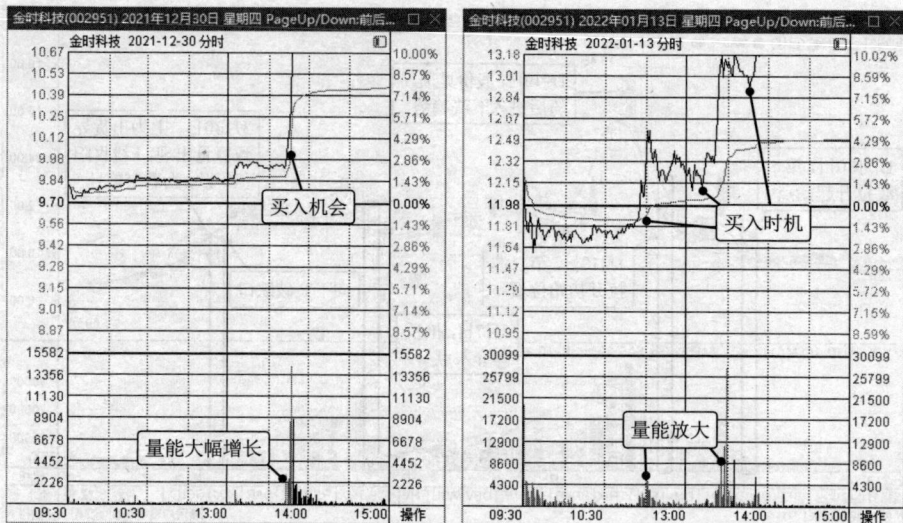

图4-20 金时科技2021年12月30日和2022年1月13日的分时图

从分时走势可以看到，2021年12月30日在开盘后的很长时间内都没有出现明显的上涨迹象，而是一直在均价线的支撑下缓慢向上移动，直到下午时段开盘后，股价涨速才加快了一些。

从13：43开始，分时图中的成交量柱开始快速放大，股价线明显出现了直线上冲迹象。这就是市场开始拉升的信号了，反应快的投资者可以在股价还未冲上涨停板的几分钟内迅速建仓，没能赶上的投资者就只能尽快挂单，抢在前面成交。

再来看2022年1月13日的走势，这个交易日中的买进机会就很多了。股价先是在开盘后小幅下跌，落到了均价线以下，不过在10：53左右股价成功上穿均价线，开启了震荡式的上升，成交量也跟随呈波浪形放大。再结合K线图中前一根涨停阳线，第二波拉升可能即将开始，投资者此时就可以择机在低位买进建仓了。

回到K线图中，可以看到在经过两波急速上涨后，该股于2022年1月19日创出18.48元的新高，随后以同样急促的连续跌停下跌，直至被60日均线支撑住，开始横向震荡。

在后续的下跌走势中，3月7日和3月30日的两根巨量阳线有比较重要的参考价值。3月7日的阳线形成于股价反弹的过程中，在此之前 K 线已经开始小幅收阳，只是当日收阳幅度和量能增长幅度明显加大，表明反弹的正式开启，此处可作为投资者抢反弹的介入点。

3月30日是股价跌破前期支撑位的一个交易日。当日虽然收阳，量能也有大幅增长，但收阳幅度极小，还与前一根 K 线形成了向下跳空的突破性缺口。这种形态其实都已经偏离了巨量阳线对 K 线技术形态的要求，只能算作近似，不过其对后市的预示意义很强，投资者还是需要仔细分析的。

下面就来看当日的分时走势。

图 4-21 为金时科技 2022 年 3 月 30 日的分时图。

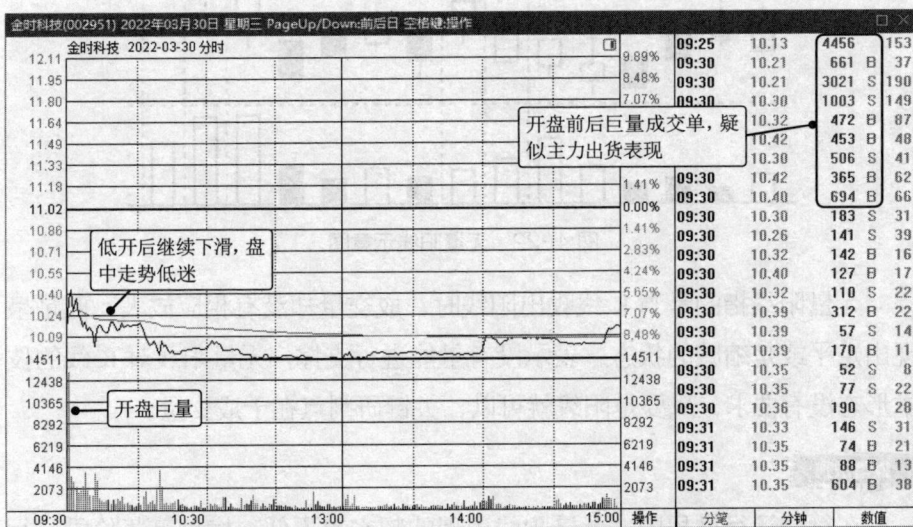

图 4-21　金时科技 2022 年 3 月 30 日的分时图

从股价线的走势可以发现，该股的开盘价就非常低，并且在开盘后不久就再度下滑，被压制在均价线以下，一直运行到尾盘才被稍微放大的量能支撑上扬，突破到均价线以上，以稍高于开盘价的价格收盘，形成阳线。

从整日的成交量来看，除了第一分钟的巨量及紧接着半个小时内较大的成交量柱以外，后续的量能都不算大，那么 K 线图中呈现出的巨量大概率就来自于此。此时观察右侧的分笔交易数据，可以发现第一分钟的巨量主要来源于几笔数量巨大的成交单，有买有卖，但卖单明显更多。

要知道，分笔交易数据中只有单笔超过500手（5万股）的成交单才会被标明为紫色高亮，这种持股实力一般只有主力或其他投资机构、少部分大股东才会拥有。因此，3月30日开盘第一分钟的巨量可能就是主力清仓出货的表现，那么股价大幅下跌也在意料之中了，后市走势显然不容乐观，此时还留在场内的投资者最好及时止损撤离。

No.07　无量阳线

形态图解

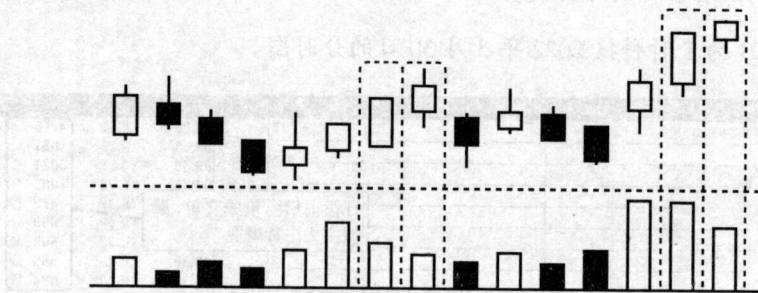

图4-22　无量阳线示意图

无量阳线指的是当K线收出阳线时，成交量却没有相应放大，而是呈现出走平或是缩减的状态，表示没有量能进行支撑。无量阳线对K线的技术形态没有要求，只要是阳线就可以，关键研判点在于成交量。

操盘法则

在行情运行过程中，无量阳线出现的频率也不低，横盘震荡阶段、行情筑顶阶段和筑底阶段等位置都会形成大量的无量阳线。但并不是所有的无量阳线都具有实战意义，一般来说，形成于趋势转折点的无量阳线会拥有更高的参考价值。如果阳线还存在其他特殊点，比如实体较大、影线较长等，研判效果会更好。

高位转折点附近的无量阳线，传递的信号偏向于上涨乏力、后市看跌。而低位转折点附近的无量阳线，则往往代表着主力手中筹码较多，拉涨轻松，无须太大量能就能带动价格上涨；或者由于市场过于冷清，小幅的资金注入就能使价格向上抬升。不同的信号对应的操作策略也不同，投资者要注意灵活运用。

> **重点提示**
>
> ◆ 单根无量阳线的研判力度较弱，投资者需要结合其他因素综合分析，才能得出最终结论，而不是看到一根无量阳线就认为是行情转折点、拉升起始等。
>
> ◆ 量能的缩放是相较于前期的，是一个对比性的概念，并非单看量柱高度。比如一根量能达到 10 000 以上的量柱相较于前一根 20 000 的量柱是缩量，而一根 5 000 的量柱相较于前一根 1 000 的量柱就是放量了。
>
> ◆ 无量阳线还有一种情况，就是无量涨停阳线。如果某个交易日股价封板较早，市场交易量自然会出现下降，当日就可能形成无量阳线。但这类无量阳线往往是拉升积极的表现，并不意味着转折点的到来。

> **实盘解读**

日丰股份（002953）无量阳线实战

图 4-23 为日丰股份 2022 年 5 月至 8 月的 K 线图。

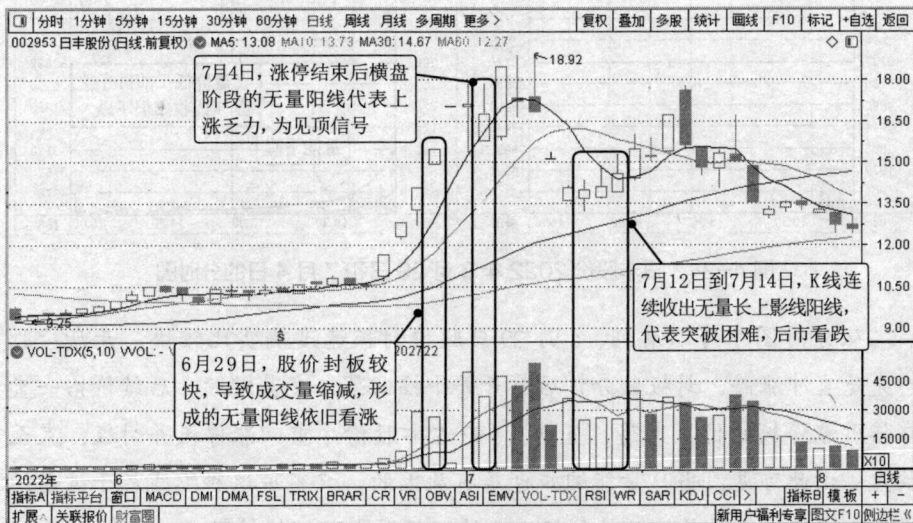

图 4-23　日丰股份 2022 年 5 月至 8 月的 K 线图

在日丰股份这段股价走势中出现了许多的高位无量阳线，其中一些具有较高的参考价值，比如6月29日、7月4日、7月12日、7月13日及7月14日这几个交易日所形成的高位无量阳线就比较典型。

先来看处于上涨过程中的两根高位无量阳线，即6月29日和7月4日的两根阳线。在K线图中可以看到，6月29日是股价涨停式拉升过程中的一个交易日，当日量能的缩减大概率是价格封板太快，买卖单无法大批量成交造成的。而7月4日则是涨停结束后股价小幅回调的一个交易日，它带有长上影线，很可能代表的是上涨乏力的信号。

下面来看看这两个交易日的分时走势如何。

图4-24为日丰股份2022年6月29日（左）和7月4日的分时图（右）。

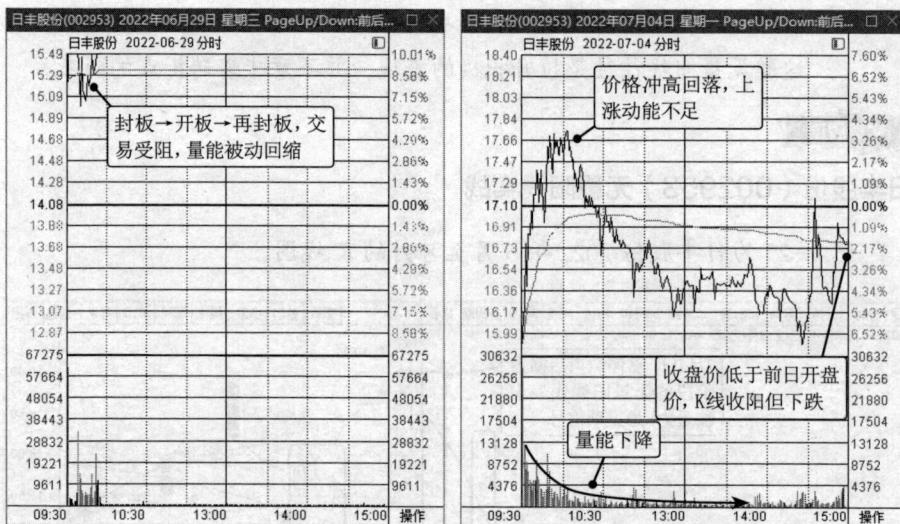

图4-24　日丰股份2022年6月29日和7月4日的分时图

从分时图中可以看到，6月29日股价封板速度确实比较快，开盘后股价先是直冲涨停，封板数分钟后打开并小幅回落，交易继续。后续价格一直在接近涨停板的位置震荡，直到9：52左右股价才重回涨停板并封板，直至收盘。由此可见，当日量能缩减也是有原因的，只不过这种缩减属于被动缩减，K线传递的信号依旧是积极看涨的，投资者可继续持股。

但7月4日就不同了，从K线图中就可以看到它处于涨停结束后的调整过程中，当日股价大幅低开后虽然高走，但在创出高价后就无力上涨，形成冲高回落走势。尽管当日 K 线收阳，但收盘价仅有 16.76 元，低于前日收盘价，整体跌幅为 1.99%。再加上成交量也出现了缩减，投资者基本可以判断出股价上涨无力的信号，进而在当日或后续几个交易日出局。

回到 K 线图中，可以看到在 7 月 4 日的见顶信号形成后不久，股价就到达了 18.92 元的顶部，随后 K 线收出一根倒 T 字线和向下跳空阳线，使得价格跌到了 13.50 元价位线附近。

不过在此之后，该股形成回升趋势，K 线开始连续收阳上涨，但这连续收阳的三个交易日的量能相较于前期都是缩减并走平的，也就是说，从 7 月 12 日至 7 月 14 日的三根 K 线都是无量阳线。这又说明了什么呢？下面进入分时图中来一探究竟。

图 4-25 为日丰股份 2022 年 7 月 12 日至 7 月 14 日的分时图。

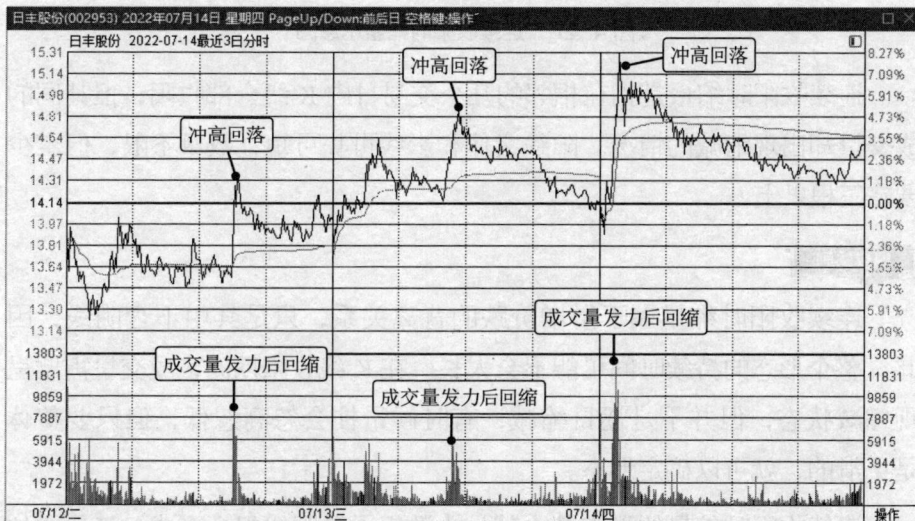

图 4-25　日丰股份 2022 年 7 月 12 日至 7 月 14 日的分时图

将这三个交易日的分时走势连在一起看，形势就非常清晰了。很显然，股价在这三个交易日中都受到了来自上方的压力，成交量的发力点都在价格上冲的位置，但都没能将价格维持在高位，导致股价在三日内都形成了冲高回落走势。K 线也接连收出三根带长上影线的阳线，成交量缩减到一定程度后就一直走平。

综合前期的走势可以判断出该股想要再度创出新高的难度较大，此次股价的回升大概率只是一次反弹，反弹高度和时间都难以准确判断，投资者最好不要参与，被套的也要尽快借高出货。

No.08　连续收阳时缩量

形态图解

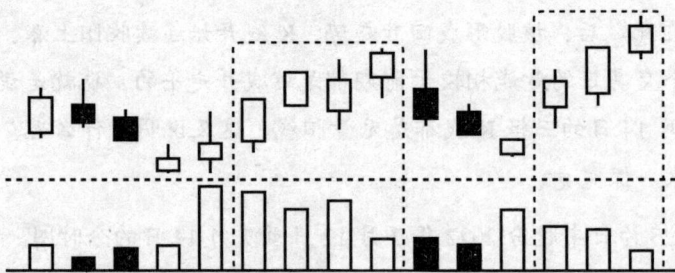

图4-26　连续收阳时缩量示意图

连续收阳时缩量是指在相邻的几个交易日内K线全部收阳，但其间的成交量却出现缩减的情况。阳线实体和影线可长可短，数量不限，但至少要在三根以上。

操盘法则

连续收阳时缩量属于量增价跌的背离关系，只是其中不含阴线，因此，整个形态的持续时间可能不会太长。在K线收阳期间，成交量需要呈现缩减状态，但并不是逐日缩减，有时候量柱会忽高忽低，但只要整体是下滑的，就可以确定形态。

连续收阳时缩量的形态基本就是由数根无量阳线组合而成，其形成位置与无量阳线类似，传递的信号则是无量阳线的加强版，投资者在使用时的成功率会更高一些。

重点提示

连续收阳时缩量同样会出现特殊情况，比如连续收阳涨停期间成交量出现缩减时，代表的大概率是后市看涨的信号。这一点与无量涨停阳线的情况类似，投资者要注意分辨。

实盘解读

科瑞技术（002957）连续收阳时缩量实战

图 4-27 为科瑞技术 2022 年 2 月至 8 月的 K 线图。

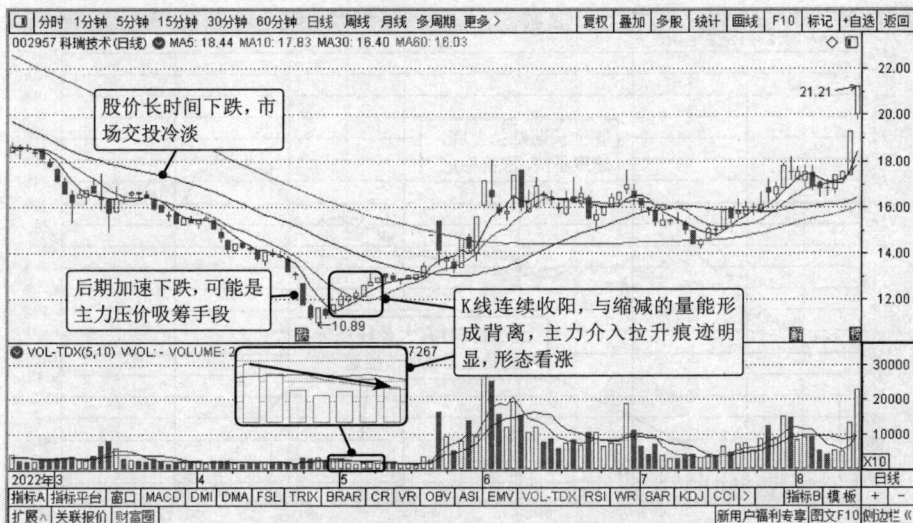

图 4-27 科瑞技术 2022 年 2 月至 8 月的 K 线图

在科瑞技术的这段走势中，股价正在从相对低位回升。2022 年 2 月至 3 月，股价的跌势十分稳定且持续，中长期均线长时间维持在较高的位置形成压制，市场交投相对冷淡。

4 月上旬，该股跌至 14.00 元价位线附近后得到支撑跌势减缓，横盘一段时间后，于 4 月下旬大幅下滑，甚至在收出了一根跌停大阴线后加速下跌，来到了最低 10.89 元的位置。

前面介绍一字跌停后接向下跳空阳线形态时讲过，在下跌趋势中出现跌速明显加快甚至跌停的情况，很有可能代表着主力在参与吸筹。那么，此处的加速下跌就是一个可能的回升信号，投资者可以保持关注。

价格见底后不久，K 线从 4 月 29 日开始连续收阳，一直到 5 月 12 日，收出了七根阳线。这七根阳线实体不大，影线也不长，乍一看似乎没有什么特别之处，但仔细观察就能发现，股价在这7日内上升速度相当稳定，K线几乎沿着一条斜线稳步上涨。这种走势很明显是有主力参与调控的，这一点从分时图中能看得更清楚。

图4-28为科瑞技术2022年4月29日、5月5日至5月6日、5月9日至5月12日的分时图。

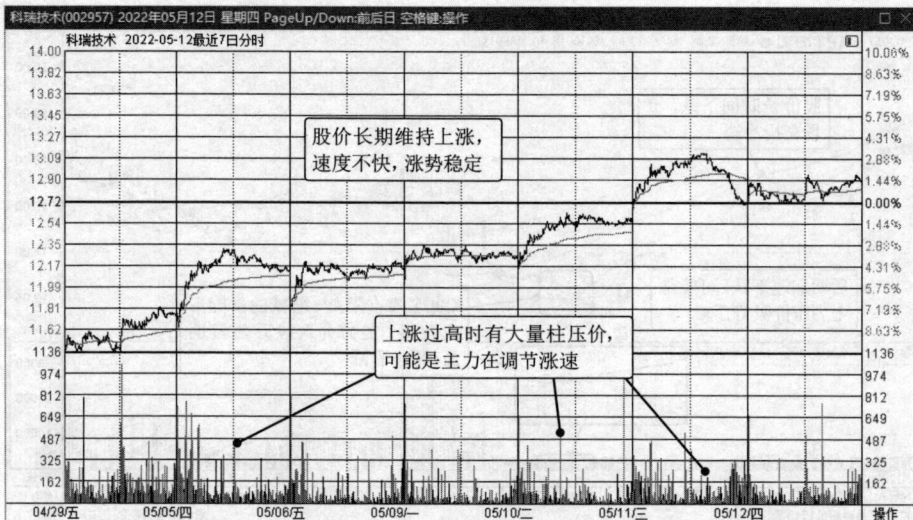

图4-28　科瑞技术2022年4月29日、5月5日至5月6日、
5月9日至5月12日的分时图

分时走势中股价缓步上升的走势更加清晰明了，每一个交易日的股价线几乎都能够运行到均价线之上，有几个交易日还能大幅向上远离均价线。但快速上升的走势总是会受到制约，可能是主力投入的资金不多，也可能是主力在刻意压制涨速，避免短线盘大量介入加大拉升阻力。

回到K线图中观察下方的成交量，可以发现在连续收阳期间的量能并未形成配合，而是在一次小幅放大后持续缩减，与K线形成了连续收阳时缩量的形态，这一点在分时图中也有所表现。

结合前面分析的一系列内容，投资者应该能够看出主力的意图，那就是在手握大量筹码的情况下稳步拉升，带动行情进入上升之中，后市看涨。激进的投资者在连续收阳时缩量形态形成期间就可以参与建仓了，谨慎的投资者建议等到行情彻底确认为上涨时再买进。

No.09 连续收阳时放量

形态图解

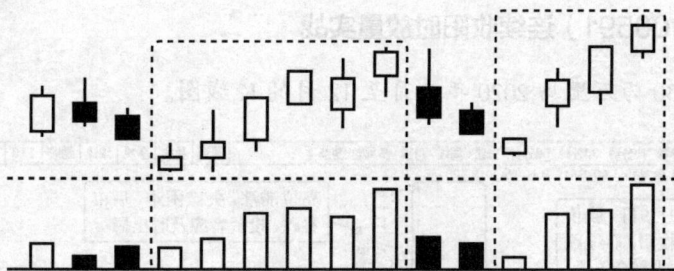

图4-29 连续收阳时放量示意图

连续收阳时放量是指当 K 线在某段时间内持续收阳上涨时，成交量也呈现出配合放量的状态。阳线数量与连续收阳时缩量形态的要求类似，至少需要三根以上的阳线才能确定信号。

操盘法则

连续收阳时放量是量价配合的关系，也是上涨趋势中的主要推动形态。一般情况下，连续收阳时放量都是积极的看多信号，尤其是当形态出现在上涨初期、拉升途中时，后市看涨的信号会更加可靠。

至于在上涨高位形成的连续收阳放量形态，由于量能依旧在增长，短时间内的上涨趋势还是能够维持的，只是随着价格的抬高，反转的风险也会增加。要知道，并不是所有临近高位转折的位置量能都会出现如缩减或是走平的异常，有时候量价还处于积极推涨状态，某一时刻就可能毫无预兆地突然拐头下跌，导致大量筹码被套，这是很常见的情况。

因此，接近行情高位和反弹高位的连续收阳放量形态，依旧需要投资者谨慎，及时止盈止损才能实现整体的获利。

重点提示

上涨过程中的连续收阳放量形态也不是绝对可信的，股价说不定就会在投资者建仓后立即进行深度回调。事实上，所有的技术分析方法都没有绝对的正确和绝对的可靠。行情瞬息万变，在任何时候，遇到任何形态，投资者都要有自己的判断，而不是盲目跟风操作，或者死板地跟随理论买卖。

实盘解读

万里马（300591）连续收阳时放量实战

图4-30为万里马2020年8月至12月的K线图。

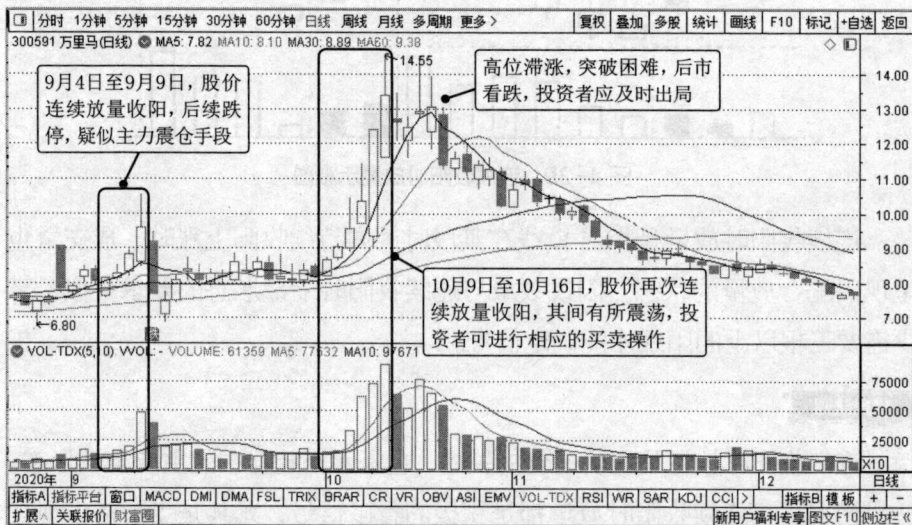

图4-30　万里马2020年8月至12月的K线图

从图4-30中可以看出，万里马的股价正处于涨跌趋势的转折点，2020年8月至9月，该股还在均线的支撑下缓慢向上攀升。

9月4日至9月9日，该股形成了一次连续收阳时放量的形态，但可能由于上涨动能不足，或者主力希望借此震仓来减轻拉升压力，该股在9月9日涨停后开板回落，收出了一根带长上影线的大阳线，次日就跌停收阴，导致价格跌落到了8.00元价位线下方，仅靠一根阴线就几乎吞没了四个交易日带来的涨幅。

由此可见，上涨过程中看似积极的连续收阳时放量形态，并不绝对代表着股价将继续拉升。不过此次股价的回调在7.00元价位线附近得到支撑后就继续回升了，此时还没来得及卖出的投资者可以继续持有。

当股价回升到 8.00 元价位线以上后，该股长时间在其附近横盘。从 10 月 9 日开始，该股再度形成了连续收阳时放量的走势，一直到 10 月 16 日，连续六个交易日都维持着急速的拉升状态。这样的走势才是涨势积极的证明，前期受挫的投资者就可以在此阶段买卖。

下面来看看这六个交易日的分时走势如何，有哪些需要注意的地方。

图 4-31 为万里马 2020 年 10 月 9 日、10 月 12 日至 10 月 16 日的分时图。

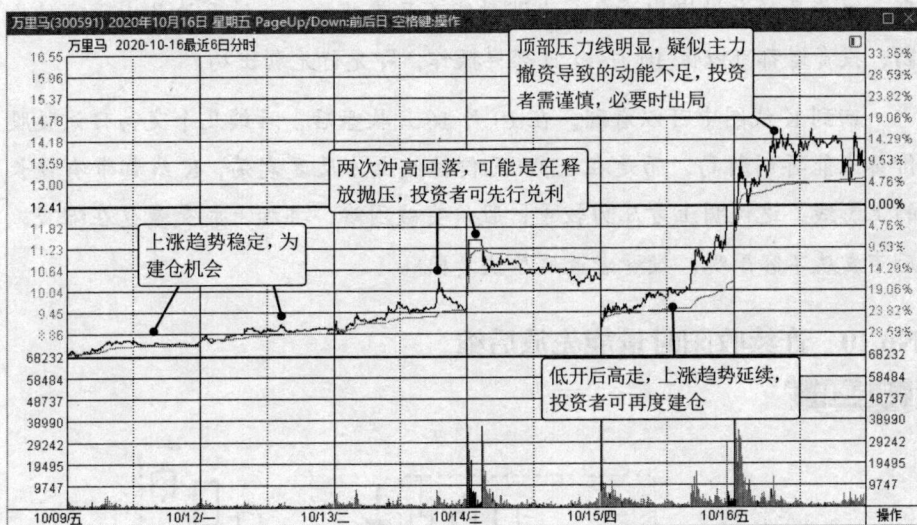

图 4-31 万里马 2020 年 10 月 9 日、10 月 12 日至 10 月 16 日的分时图

分时图中显示，10 月 9 日至 10 月 13 日，股价的涨势都十分稳定，几乎每个交易日都是在临近前日收盘价的位置开盘，随后持续上扬。只是在 10 月 13 日尾盘期间，该股形成了一次冲高回落，可能是抛压渐重导致的一次压力释放，投资者依旧可以继续持有。

10 月 14 日，该股在开盘后急速上冲并直接涨停，但数十分钟后又开板回落，跌到均价线以下后长时间下跌，冲高回落走势再度出现。此时的走势就与 9 月 9 日的有些类似了，谨慎的投资者可以先行在高处卖出，将前期收益落袋为安，随后观望下一个交易日的走势。

10 月 15 日，股价果然大幅低开，但开盘后不久就呈现出了积极的上涨走势，并且越到后期涨速越快。这就说明前一日的冲高回落可能单纯的是在释放抛压，主力还没有放弃拉升，投资者完全可以再次建仓入场。

到了 10 月 16 日，该股在早盘期间依旧维持着上涨走势，不过 14.18 元价位线对价格形成了一定的压制作用，该股在多次尝试失败后无奈下跌。

这一天的走势不像冲高回落那般快速激烈，如此短的时间内抛压也没有堆积到需要靠长期高位横盘来释放。这种走势反而更像是价格拉升到了顶部，主力开始大批撤出资金，上涨动能不足导致的。不过无论是出于哪种原因，投资者都可以像 10 月 14 日那样操作，即先行兑利出局。

回到 K 线图中可以看到，在 10 月 16 日收盘后，后续几个交易日该股股价都未能再创新高，而是在 12.00 元价位线上方反复震荡，K 线都带有较长的上影线，这说明上方压力较重，股价突破困难，再加上成交量也在缩减，后市发展不容乐观，投资者最好尽快卖出。

No.10 连续收阳时量能先放后缩

形态图解

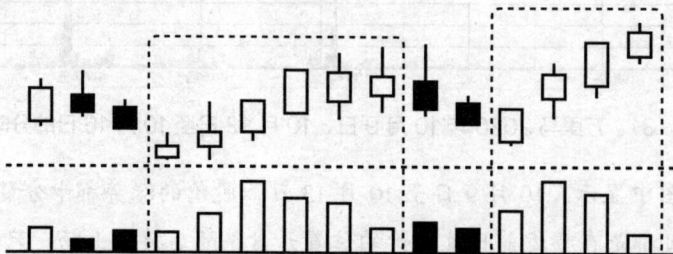

图 4-32 连续收阳时量能先放后缩示意图

连续收阳时量能先放后缩是指在 K 线多日收阳的过程中，量能刚开始呈现出配合放大状态，但某一日突然缩减，随后开始下滑。在量能下滑的过程中，阳线的实体长度可能会逐步缩短，最高价呈弧线走平。

操盘法则

一般来说，连续收阳时量能先放后缩的形态经常出现在价格波峰的左侧，收阳的最后一个交易日的最高价很可能就是此次上涨的顶部，随后股价就会转阴下跌了。

经过前面内容的学习，相信投资者对这种形态所代表的含义比较清楚了，但对量增价涨和量缩价涨的原理还未进行过深入了解，也就无从知晓这两种量价关系在进行转换时的内在动因，下面来详细解析。

量增价涨。 随着价格的上升，买方希望追涨买进，卖方也需要兑利卖出，双方各取所需，量能自然放大。但买方的积极性显然更高，彼此只能通过抬高价格来竞争交易机会，这使得价格越发高走，形成良性循环。

量缩价涨。 价格抬高后，买方建仓的成本会跟随抬高，部分场外投资者就会放弃追涨，使得买方竞争力下降，价格上升速度减缓，而涨速的放慢也会使一部分持股投资者感觉到危险，进而转手卖出。再加上原本就存在的大量卖单，卖方力量开始加大，市场中买卖双方位置互换，卖方占据主流，降低卖价以尽快兑利。但此时买方的追涨热情已经不再如之前那般高涨，大量卖单无法消化的情况下，成交量自然缩减，而价格也一再被压低，形成恶性循环。

因此，当股价产生连续收阳时量能先放后缩的演变时，投资者就要注意转折点是否即将到来，必要时可以提前卖出观望。

重点提示

以上讲述的量价关系转换原理，都是建立在主力没有逆势操作，以及没有外界基本面消息刺激等情况下进行的分析。但如果市场价格已经开始自然下降了，主力突然注资拉升，或者该公司突然宣布扩大生产规模，那么股价后续的发展又会变得扑朔迷离。事实上，这种情况每天都在上演，这也是股票技术分析困难，预判没有确定性的原因之一。但投资者也不必过于悲观，只要分析有条理，还是有机会冲出重围，实现盈利的。

实盘解读

利安隆（300596）连续收阳时量能先放后缩实战

图4-33为利安隆2022年8月至12月的K线图。

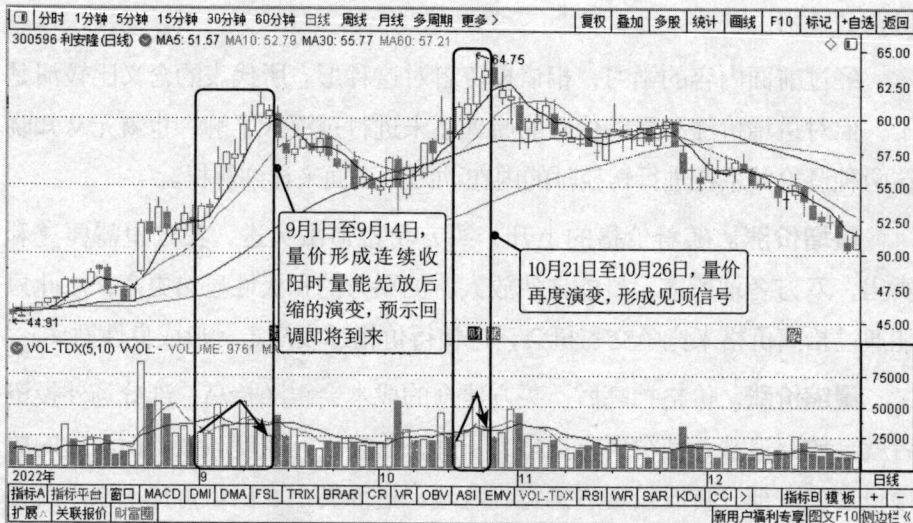

图4-33　利安隆2022年8月至12月的K线图

在利安隆这段股价走势中，比较明显的连续收阳时量能先放后缩的演变都出现在上涨趋势中，并且出现了两次，都是在接近价格顶部的位置。

第一次量价演变在9月1日至9月14日，该股从横盘整理后期开始收阳上升，前期量能也形成了配合放量，但量能上升的趋势并不稳定，而是反复上下波动。这说明股价的上涨也是有较大压力的，无法一次性拉升到较高位置，需要呈阶梯式逐步攀登。不过此时看多信号还是存在的，投资者可以择机建仓。

9月8日，该股再次向上大幅拉涨，但随后几个交易日就开始减缓涨速，成交量也出现了持续的下滑，量价开始由量增价涨向量缩价涨演变。再加上阳线实体缩短，影线拉长，最高价走平，投资者基本可以判断出转折点即将到来，后市面临的不是回调就是下跌，此时就可以在高位兑利卖出。

从后续的走势可以看到，该股确实很快出现了一次深度回调，于9月底跌至55.00元价位线附近后得到支撑横盘整理了数日，就开启了又一波上涨。

在这一波拉升的后期，也就是10月21日至10月26日，K线连续收出四根阳线，成交量也在放量三日后大幅回缩，完成了一次量价演变。此时股价已经越过了前期高点，但量能峰值却并没有太大的提升，结合量价演变的形态，又一个转折点可能即将出现。那么投资者就可以再次借高卖出，将收益落袋为安，避开后续可能的下跌。

No.11 连续收阳时量能先缩后放

形态图解

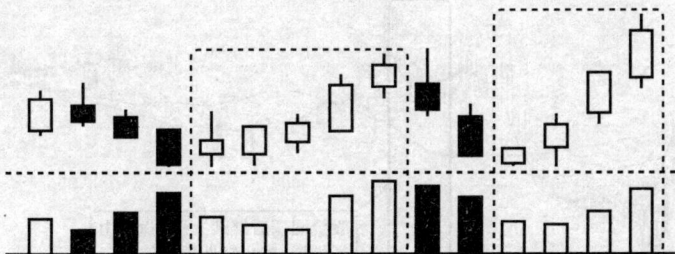

图 4-34 连续收阳时量能先缩后放示意图

连续收阳时量能先缩后放的演变是由量缩价涨转变为量增价涨，也就是由量价背离转为配合。演变期间，阳线实体可能会越来越长，股价涨速也会相应加快。

操盘法则

刚开始收阳时，成交量的缩减是相较于前一根非阳线的 K 线量能而言的，量能缩减后又放大的原因有很多，主要根据其形成位置而定。

比如在上涨初期，就可能是主力在吸足筹码后开始启动的表现，再加上市场本就交投冷淡，因此，少量的筹码转换就能带动价格上升。待到时机成熟，上涨进入正轨后，主力开始大力拉升，随着资金注入量的加大，量能自然会出现增长，阳线实体也会越来越大，涨速越来越快。

如果在下跌或者震荡过程中的上升初始位置形成这样的量价演变，量能的缩减大概率是买方对于短期上涨把握不定，卖方也希望等价格继续涨一些再卖，双方都减少挂单造成的。而后续的量能增长自然是因为买卖双方发现价格涨势明显后纷纷挂单，抢反弹的买进、解套的卖出。

那么，不同情况下连续收阳时量能先缩后放形态的操作策略就比较明朗了，上涨初期自然是可以追涨，反弹期间则要慎重参与。

实盘解读

国瑞科技（300600）连续收阳时量能先缩后放实战

图4-35为国瑞科技2022年4月至8月的K线图。

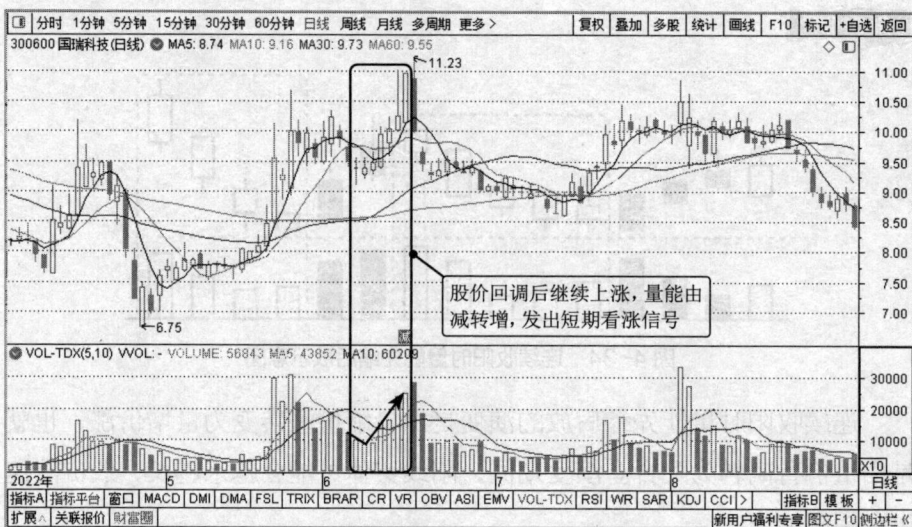

股价回调后继续上涨，量能由减转增，发出短期看涨信号

图4-35　国瑞科技2022年4月至8月的K线图

2022年4月至8月，国瑞科技的股价基本没有表现出较强的趋势性，整体走势更倾向于震荡行情，那么，在此期间形成的连续收阳时量能先缩后放形态，预示的大概率就是短期的上涨走势了，风险较高，但适合短线操作。

从图4-35中可以看到，从4月底开始，该股就形成了一波上涨走势，在经历一系列拉升、震荡与回调整理之后，股价于6月初来到了9.00元价位线附近，在此得到支撑后继续收阳上涨。

观察成交量就可以发现，在K线连续收阳期间，量能先是相较于前期有所下滑，但伴随着价格的回升，量能也随之放大，与阳线形成配合，涨速越来越快。

这就是一次典型的买方追涨导致的量价演变，短线投资者完全可以跟随入场建仓，待到后续价格见顶后及时卖出即可。

第五章

趋势中阳线买卖之法

学会判断趋势是投资者操盘的关键，只有在合适的趋势中运用合适的分析技术，才能实现收益的扩大化，同时在一定程度上降低风险。用于判断趋势的指标有很多，比如趋势线、布林指标和均线等，将其与阳线相结合，能够有效提高操盘成功率。

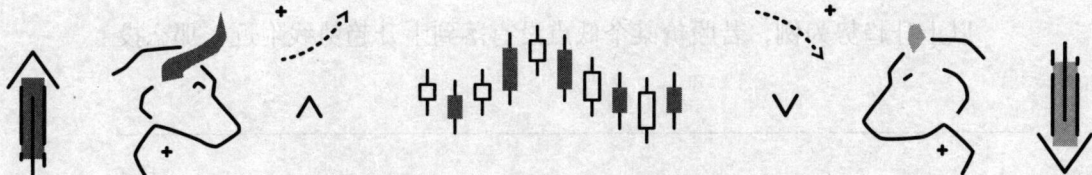

一、趋势通道与阳线共寻操作点

趋势通道基于趋势线形成，趋势线是一种十分有效和常用的趋势分析技术，一般用于预判股价后市的转折落点，发掘行情反转的可能性。

趋势线主要分为两种：一种是上升趋势线，绘制方法很简单，取上涨过程中相邻的两个低点，相连得到一条斜向上的直线，若第三个低点能落在这条直线附近，那么上升趋势线的有效性就能得到验证；另一种是下降趋势线，取下跌过程中相邻的两个高点，相连得到的直线若能经过第三个高点，那么这条下降趋势线就是有效的。

趋势通道就是由两条趋势线衍生而来的，上升趋势通道和下降趋势通道的绘制方法类似。上升趋势通道是基于某一高点作上升趋势线的平行线，构成的一个平行向上的通道；下降趋势通道是基于某一低点作下降趋势线的平行线，构成的一个平行向下的通道，图5-1为上升趋势通道和下降趋势通道示意图。

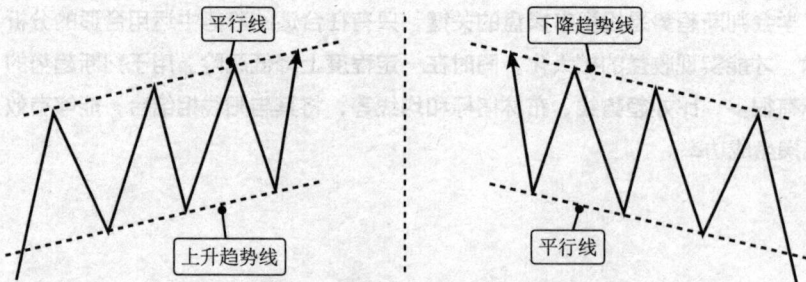

图5-1 上升趋势通道（左）与下降趋势通道（右）

只要趋势通道被验证有效，那么股价未来就可能会在该通道内震荡运行，上下拐点就在趋势通道的边线附近，这样就能为投资者的操盘提供相对准确的依据。

不过，股价这般规律的运行不会一直持续下去，有时候一次快速的涨跌走势就能破坏趋势通道的有效性。针对这种情况也有补救方法，那就是趋势线的修正。

以上升趋势为例，若股价某个低点没有落到上升趋势线附近，那么投资者就可以以最近的两个低点为新的基点，绘制一条新的上升趋势线，看下一个低点是否会落在新趋势线上，图5-2为上升趋势线与上升趋势通道的修正。

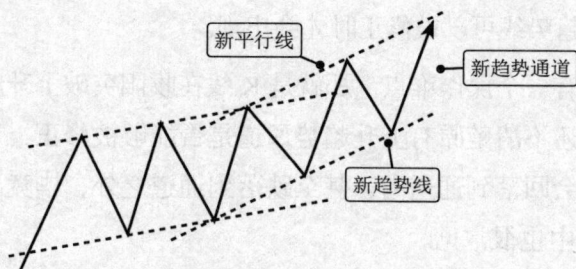

图5-2　修正的上升趋势线与上升趋势通道

下降趋势通道的修正也是同理，在修正完成后，投资者依旧可以使用趋势通道进行趋势分析和买卖操作。下面就来看看阳线应该如何与趋势通道相结合，各自的买卖点又在何处。

No.01　上升趋势通道中的阳线买点

形态图解

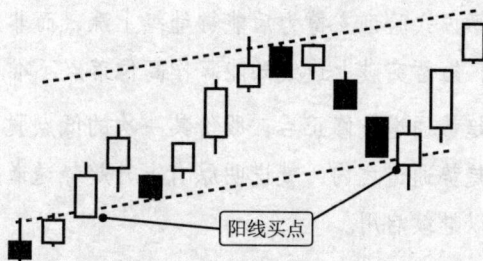

图5-3　上升趋势通道中的阳线买点示意图

上升趋势通道中阳线的买点有两处，分别是股价从原有上升趋势通道向上突破到新的上升趋势通道时，K线收阳的位置，以及股价回调到上升趋势线上得到支撑，再次收阳上涨的位置。

操盘法则

股价回调到上升趋势线上收阳的买点是比较常见的，也是投资者比较容易把握的，只要上升趋势通道没有被破坏，那么股价收阳回升的位置就可以作为建仓点或加仓点。

另一种从一个上升趋势通道突破到另一个上升趋势通道的阳线买点，则需要在上升趋势线可以被修正时才会出现。

该买点还有一个操作难点，那就是 K 线在收阳突破上升趋势通道上边线时，投资者还不清楚原有上升趋势通道是否能够被修正，也不知道股价在突破后是否会回落到通道内，甚至跌落到通道之外，毕竟冲高回落的走势放在 K 线图中也很常见。

遇到这种情况，不同操盘风格和操盘经验的投资者就可以有不同的选择。激进的投资者可以试探着买进，即便后续有下跌，也可以抓住这一波短期上涨收益；谨慎的投资者则可以将其当作一个提示点，提示自己股价后市有上涨的可能，随后保持观望，待到新的上升趋势通道彻底形成后再介入。

重点提示

◆ 股价向上突破上升趋势通道指的是有效突破，也就是股价通过回踩通道上边线等方式验证支撑力后能够继续上涨，而非短暂地跃到通道上边线以外，短暂突破上边线只能算作高位落点不准。

◆ 如果上升趋势通道被修正后，股价某一次的低点脱离新通道，落到了原有上升趋势通道之内，就说明原有上升趋势通道并未彻底作废，投资者还可以继续启用。

◆ 上升趋势通道可以多次被修正，但如果每次被修正的通道都不能经过第三个低点，也就是通道的有效性得不到验证，那么这种修正基本没有意义，上升行情规律性不强，投资者可试着采取其他趋势判断方法。

实盘解读

飞荣达（300602）上升趋势通道中的阳线买点解析

图 5-4 为飞荣达 2019 年 7 月至 11 月的 K 线图。

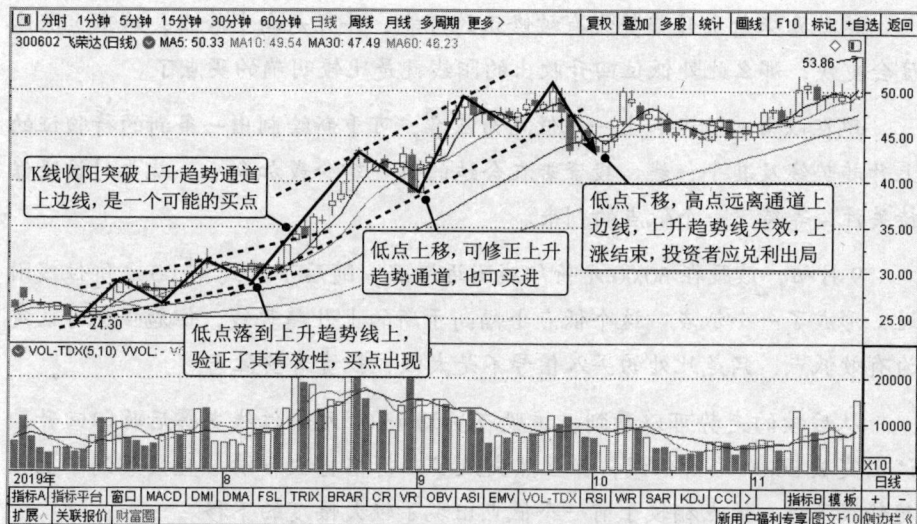

图5-4 飞荣达2019年7月至11月的K线图

图5-4为飞荣达的上涨趋势图，股价在此期间的涨势比较稳定，投资者可以尝试绘制上升趋势线。

以7月的两个低点为基点，可绘制出一条待验证的上升趋势线。以距离第一个低点最近的高点为基点，作上升趋势线的平行线，就能得到一条同样待验证的上升趋势通道。此时上升趋势通道还未得到确定，两个低点附近的阳线发出的买入信号也不算强烈，投资者可以不着急入场。

8月初，该股出现了小幅的回调，低点正好落在上升趋势线上，验证了其有效性，那么落点收阳的位置就可以视作一个买点了。

但就在该上升趋势线被验证后数日，K线大幅收阳突破了上升趋势通道的上边线，进入了速度更快的拉升之中。此时投资者面临着两种选择，一是继续持股等待后市变动，二是抓住机会加仓跟进。在后续走势不明的情况下，投资者需要仔细考量。

继续来看后面的走势。在突破上升趋势通道上边线并回踩确认后，该股继续收阳上涨，很快来到了42.50元价位线附近。股价在此受阻后形成回调，低点落在了40.00元价位线以下，明显向上偏离了上升趋势线。

这就意味着上升趋势线有被修正的可能，并且是向上修正，后市上涨速度会更快，那么此处低位回升收出的阳线就是比较明确的买点了。

现在以当前低点和上一个低点为基准，可重新绘制出一条新的待验证的上升趋势线及其平行线。投资者在合适的位置建仓或加仓后，就要对该股保持关注，等待下一个低点的到来。

9月初，该股在50.00元价位线附近滞涨，随后下滑到45.00元价位线附近，形成了一个低点。这个低点小幅高于新的上升趋势线，但勉强也可认定为有效低点，只是此处的买入信号不是太强，投资者要注意。

从后续的走势可以看到，该股在受到45.00元价位线支撑后收阳回升，试图突破50.00元价位线，但显然失败了，价格再次下滑，直接落到了上升趋势线下方，低点相较于前一个低点出现了较大幅度的下移。

这样的情况下，上升趋势线就很难被修正，再加上股价多次突破50.00元价位线失败，高点无法落到上升趋势通道上边线附近，那么上升趋势通道也基本宣告失效了。因此，投资者就要趁着股价回升到压力线附近时择高卖出，将前期收益兑现，等待下一次合适的上涨趋势到来。

No.02　上升趋势通道中的阳线卖点

形态图解

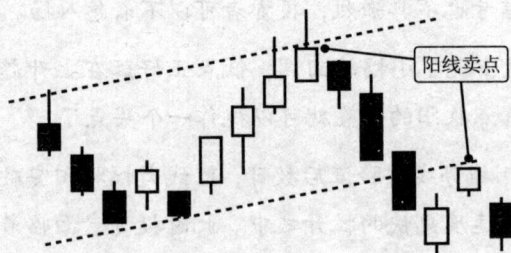

图5-5　上升趋势通道中的阳线卖点示意图

上升趋势通道中的阳线卖点也有两处：第一处是K线收阳上升靠近上升趋势通道上边线的位置，阳线可能小幅突破上边线，也可能还未接触到上边线就拐头下跌了；第二处是股价跌破上升趋势线后，K线收阳回抽趋势线不破的位置。

上升趋势通道本就是一个有限制作用的价格通道，当通道有效性被确认后，在上升趋势线失效之前，股价的涨跌大概率会被限制在通道内，那么，投资者就能够大致判断出股价回升的高点会落在何处。

当然，股价并不会严格遵循这种规律运行，有时候的高点难免会小幅突破上边线，或者没有上涨到足够高的位置。在这种情况下，K线收阳的卖出信号依旧存在，只是信号强度会根据价格的高低而有所变化。

另外一种股价跌破上升趋势线的情况，则属于趋势转折的信号。当K线的低点明显低于上升趋势线及前一个低点，并且收阳回抽到趋势线附近未能有效突破时，就说明这一波上涨趋势可能到达终点，这条上升趋势线即将失效，K线收阳回抽的位置就是离场点。

不过当K线低点小幅下移到上升趋势线之下，但仍旧高于上一个低点，这时的上升趋势线还有被修正的可能。不过，若K线在后续无法收阳回到上升趋势线以上，那么，趋势线的修正也将成为空谈，后市就算不会转入下跌，也会进入横盘或是筑顶阶段，信号依旧不容乐观。

有一种特殊但常见的情形，有时候空方的抛压导致股价过度下跌，落到了上升趋势线以下，并且在短时间内难以回升到趋势通道内部。看似是上涨趋势的终结，但只要多等待几日，K线就能在多方蓄积的动能推动下突破到上升趋势线以上，继续上涨走势。在这种情况下，投资者依旧可以先行在跌破回抽的位置卖出，待到价格回到上升趋势通道内再重新买进即可。

国脉科技（002093）上升趋势通道中的阳线卖点解析

图5-6为国脉科技2021年10月至2022年4月的K线图。

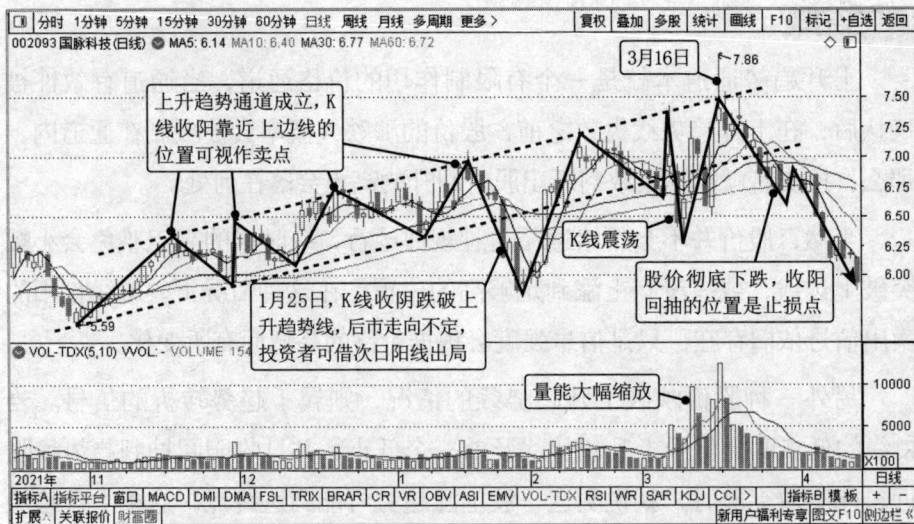

图 5-6　国脉科技 2021 年 10 月至 2022 年 4 月的 K 线图

国脉科技的这段股价上涨走势涨幅并不大，但上涨趋势比较稳定，很适合绘制上升趋势通道，帮助短线投资者和部分中线投资者进行操作。

从图 5-6 中可以看到，该股在 2021 年 10 月底创出 5.59 元的新低后就开始连续收阳回升，在 6.25 元价位线以上受阻后回落到 6.00 元价位线附近，形成第二个低点。将这两个低点相连，绘制出一条待验证的上升趋势线，以上升受阻的位置为基准作平行线，就能得出上升趋势通道。

就在股价受到支撑止跌后的次日，该股就大幅收阳，最高点小幅越过了前期高点，并且刚好落在了上升趋势通道的上边线附近。在此止涨后，股价于 12 月初逐步下跌，形成的第三个低点成功落到了上升趋势线附近，彻底确定了上升趋势通道的有效性。此时，投资者就可以试探着参与到其中，进行波段操作或分批加仓。

2021 年 12 月至 2022 年 1 月中旬，股价的数次涨跌转折点基本都落在了上升趋势通道的边线附近，说明该通道目前稳定性良好，上升趋势规律性较强。那么每一次 K 线收阳靠近上边线的位置，就可以成为短线投资者的卖点。

这样的状态一直持续到 1 月 25 日，该股在回落中突然以一根实体较长的阴线跌破了上升趋势线的支撑，最低价已经跌破了上一个低点，并且次日收阳也未能回升多少幅度。这可能是上涨趋势到顶的信号，也可能是股价短暂跌破上升趋势线的特殊情况，但投资者此时暂时无法辨明，因此，最好先借助这根小幅回升的阳线出局。

从后续的走势可以看到，该股一路跌到了 6.00 元价位线以下才止跌，横盘数日后又大幅收阳回升，并于 2 月初回到了上升趋势通道内。这就说明此次下跌可能是抛压集中释放导致的，该股后市还有上涨空间，投资者可在股价回升到上升趋势通道内之后继续进行买卖操作。

该股随后形成的高点和低点都落在了上升趋势通道边线附近，基本算是回到了原本的走势之中。但在 3 月上旬时，该股再度跌到上升趋势通道之外，随后在短短数日后反复穿越上升趋势线，证明这段时间内该股的涨势不再稳定，后续可能会产生较大变动，投资者此时要保持警惕，必要时提前出局。

3 月 16 日，该股收出一根带长上影线的小实体阳线，最高点远远跃过了上升趋势通道，但收盘价却落回了通道内部。观察成交量也可以发现，从 K 线开始大幅涨跌穿越上升趋势线开始，量能相较于前期就出现了大幅的缩放，3 月 16 日的量能更是达到了近期峰值，但即便这样也未能支撑其突破上升趋势通道。

如此突兀的巨量量能大概率是主力介入导致的，那么，在相对高位形成这种走势，就有可能是主力推高出货的表现。再加上 3 月 16 日的阳线已经落到了上升趋势通道上边线附近，那么，投资者就可以借此高点迅速卖出，随后观望。

3 月底，该股几乎毫无阻碍地跌破了上升趋势线，并且在 60 日均线附近止跌收阳后也未能回升到通道内部。这一次 K 线收阳回抽不过的卖出信号就要强烈得多了，毕竟经过前面对主力意图的分析，后市下跌的可能性更大。除非主力想大批注入资金再度拉涨，但成交量的不断缩减显然并没有体现出这种意图，因此，还留在场内的投资者要抓紧时间离场了。

从后续的走势也可以看到，该股在 60 日均线的支撑下横盘震荡数日后就继续下跌了，大幅的收阴就是趋势转折的有力证明。

No.03　下降趋势通道中阳线抢反弹

形态图解

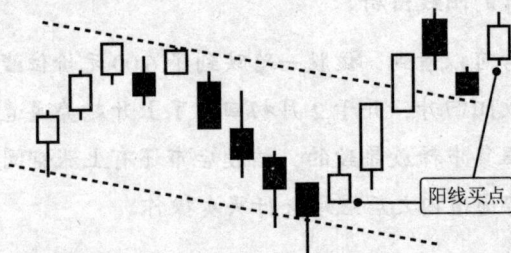

图 5-7　下降趋势通道中阳线买点示意图

下降趋势通道中阳线的买点有两处，即股价跌至下降趋势通道下边线附近受到支撑后 K 线收阳回升的位置，以及 K 线收阳彻底向上突破下降趋势线的位置，比较稳妥的买点是在回踩确认之后。

操盘法则

在下降行情中，就算下降趋势通道已经得到了验证，但投资者若要在其中进行波段操作，风险也比在上升趋势通道内的大很多，这一点相信许多投资者都深有体会。

不过在相对稳定的下降趋势通道内抢反弹，至少投资者能够大致推断出反弹的高点在何处，买进的位置也能提前预判。投资者最需要遵循的还是止盈止损原则，不恋战、不惜售，决策足够果断，才能在一次次波动操作中实现整体的收益上升。

K 线收阳突破下降趋势线的走势，属于涨跌趋势转变的特殊情况，但前提是彻底突破，而非小幅突破后很快回落。这种状态可能意味着下跌已经见底，多方蓄积了足够能量后正在发力拉升，行情有希望进入上涨之中，那么 K 线收阳突破上升趋势通道的位置就是一个抄底点。

当然，如果后市只是形成了一次幅度较大的反弹，见顶后就再次进入下跌之中，那么上涨行情可能还是遥遥无期。不过，投资者若是能及时买进，依旧有机会抓住这一波反弹收益。

重点提示

阳线刚突破下降趋势线的位置，以及回踩后再度收阳的位置都可以视作买点，但在前者位置买进过于激进，风险较大，不建议投资者尝试。如果想要执行相对稳健的操盘策略，建议投资者在股价上涨突破上一个高点时再入场。

实盘解读

华映科技（000536）下降趋势通道中阳线抢反弹解析

图 5-8 为华映科技 2021 年 11 月至 2022 年 8 月的 K 线图。

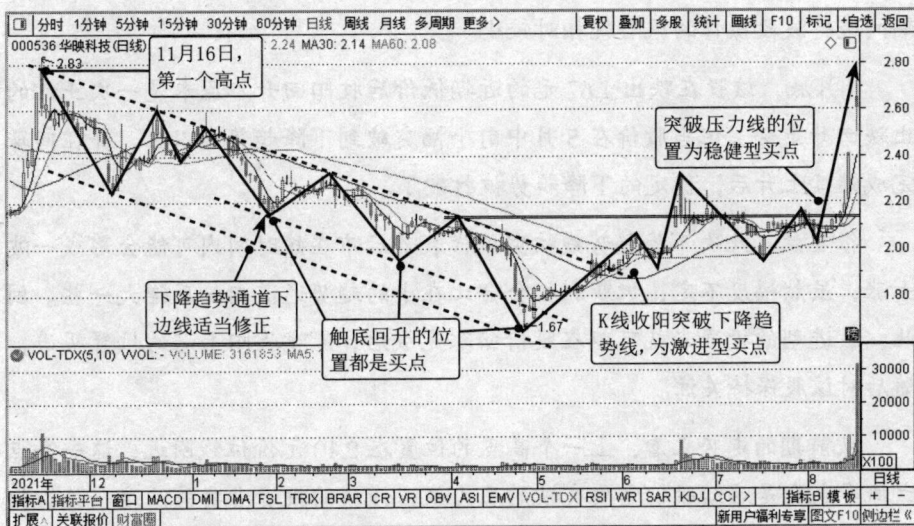

图 5-8　华映科技 2021 年 11 月至 2022 年 8 月的 K 线图

2021 年 11 月至 2022 年 4 月，华映科技的股价下跌走势相对比较稳定且持续，给投资者带来了不少波段操作机会，在其中绘制下降趋势通道也会更加顺利，下面来分析绘制过程。

第一个高点在 11 月 16 日，该股创出 2.83 元的近期高价后拐头下跌，于 2.20 元价位线上方得到支撑后反弹，在 2.60 元价位线附近形成第二个高点。将两个高点相连，可得到一条斜向下的直线，以 2.20 元价位线上方的低点为基准作平行线，形成待验证的下降趋势通道。

第二个低点和第三个高点很快便形成了，高点顺利落在了下降趋势线上，但低点与其平行线相距甚远。不过只要下降趋势线得到了验证，下降趋势通道的下边线是可以适当移动的，整个下降趋势通道依旧存在。

第三个低点在 2022 年 1 月下旬形成，位置在 2.20 元价位线下方，连续两次都没有落在下降趋势通道最初的下边线上，那么投资者就可以适当调整下边线位置，将其上移一些，方便自己操作。在下降趋势通道得到调整后，投资者就可以借助在下边线附近形成的阳线买进，准备抢反弹了。

从后续的走势可以看到，调整过的下降趋势通道明显更适应股价的涨跌变化，高低点基本都落在合适的位置，偶有超出，幅度也不大，投资者在此期间进行波段操作的风险就相对较小。

4 月底，该股在跌出 1.67 元的近期低价后收阳回升。原本是一次正常的止跌回升走势，但当股价在 5 月中旬小幅突破到下降趋势线以上，并在回踩完成继续上升后，稳定的下降趋势被打破了。

很显然，此次下降趋势线被突破代表着后市在短时间内可能会形成一波上涨，虽然幅度不定，但获利机会会比在小的趋势通道内抢反弹大一些。因此，激进型的投资者就可以在股价回踩完成后，K 线收阳上涨的位置买进，随后对该股保持关注。

从前期的走势来看，上一个高点的位置在 2.10 元价位线附近，这一高点大概率也会是后续股价需要突破的压力线，谨慎的投资者要关注这一关键价位，待到其被真正突破，谨慎投资者的买点就来了。

股价回升到 2.00 元价位线以上后，形成了多次幅度或大或小的震荡，但都没能有效突破 2.10 元价位线的压制。这样的横向震荡走势一直持续到 8 月初才有了较大进展，K 线在连续大幅收阳中终于成功突破到了 2.10 元价位线以上，并且涨速极快，说明拉升在即，谨慎投资者可以在此迅速跟进，随后持股待涨。

从后续的走势也可以看到，该股在数日后就冲到了接近 2.80 元的位置，几乎接近了上升趋势线的第一个高点。但很可惜，股价在靠近该压力线后就冲高回落，转入下跌走势之中了，没能给投资者带来更多的收益，不过还是能够帮助前期被套的投资者解套。

No.04 下降趋势通道中阳线抛盘兑利

形态图解

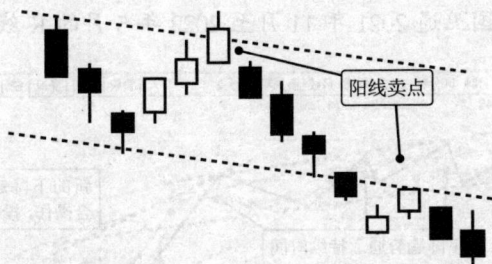

图 5-9 下降趋势通道中阳线卖点示意图

下降趋势通道中阳线的卖点主要体现在股价上涨靠近下降趋势线的位置，以及股价加速下跌，跌破下降趋势通道下边线后回抽不过的位置。

操盘法则

第一个卖点属于常规卖点，投资者在低位阳线处买进后，自然要寻找合适的高点出货，股价在下降趋势线附近受阻时收出的阳线就是很好的媒介，也是投资者比较容易分析出的卖点。

而第二个卖点则需要对下降趋势通道进行一定的修正，股价脱离稳定的下跌趋势加速向下运行，不是主力吸筹，价格即将见底的信号，就是行情确实无力回天，后续跌势将更加沉重的表现。

不过无论是何种情况，短时间内的下跌基本不可避免。若股价在跌破下降趋势通道下边线后回抽不过，那么，投资者就可以在回抽收阳的位置清仓出局，彻底退出后持币观望后市走向，看是否还有介入的价值。

重点提示

如果新的下降趋势通道修正完毕，那么通道中的买卖点依旧存在，只是由于股价下跌速度更快，反弹幅度更小，投资者抢反弹的风险与收益可能愈发不成比例，经验不足的投资者最好还是不要继续参与。

实盘解读

中国卫通（601698）下降趋势通道中阳线抛盘兑利解析

图 5-10 为中国卫通 2021 年 11 月至 2022 年 5 月的 K 线图。

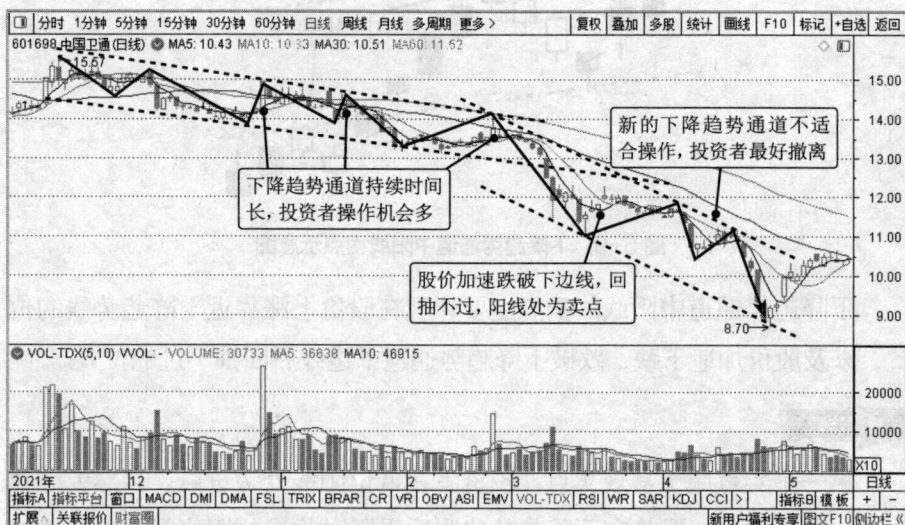

图 5-10　中国卫通 2021 年 11 月至 2022 年 5 月的 K 线图

从图 5-10 中可以看到，中国卫通的股价在 2021 年 11 月至 2022 年 5 月一直处于下跌之中，并且跌势比较稳定，投资者如果要绘制下降趋势线，成功概率会比较大。

2021 年 11 月，该股在 15.57 元的位置形成了一个高点，随后跌落到 30 日均线附近得到支撑再度回升，形成一个低点，在 15.00 元价位线附近受到压制回落，形成又一个高点。借助这几个关键点，投资者就可以将初步的下降趋势通道绘制出来，等待验证。

12 月初，股价回落到 14.00 元价位线附近后开始横向震荡，于 12 月底小幅跌破该支撑线后很快回升。但 15.00 元价位线的压制力依旧强劲，该股在其附近形成了一个新的高点，正好落在待验证的下降趋势线上，确认了其有效性。那么，此时这条下降趋势通道就可以投入使用了，阳线的卖点也逐渐明确。

此次的下降趋势通道延续了比较长的时间，一直到 2022 年 2 月下旬，股价的高点都还能落在下降趋势线附近，就算每次波段操作的收益不多，但积累起来也是比较可观的。

3月初，该股在一次常规回落过程中突然加大收阴幅度，直接跌破了下降趋势通道下边线，一路落到了11.00元价位线附近才暂时止跌，随后收阳回抽。但很明显，回抽的高点都没能向上接触到下降趋势通道的下边线，这就说明后续该股可能会加大下跌幅度，下降趋势通道需要进行修正，这里的回抽收阳就是一个卖点。

从后续的走势可以看到，该股在回抽结束后落到11.50元价位线上方不远处，在横盘过程中形成了一个高点。将原有下降趋势线上的最后一个高点与其相连，就能够形成一个新的下降趋势线，以11.00元价位线上的低点为基准做平行线，得出新的下降趋势通道。

但由于新的下降趋势通道中股价下跌幅度较大，反弹幅度又太小，投资者基本没有必要冒险操作了，此时最好撤离到场外保持观望，待到股价出现见底回升的迹象或是其他上涨迹象时再介入。

二、阳线与布林指标结合的应用

布林指标也叫布林线、布林通道，属于趋势性指标，并且使用方法与趋势通道有些类似，都是通过上下边线限制股价的方式来分析和预判后市走向。只是布林指标的灵活性更高，也不需要投资者自行绘制，因此专业性也更强，但对于趋势转变的反映程度就不如趋势线强。

布林指标拥有三条指标线，分别是负责限制价格波动的上下轨线，以及运行在通道内部，用于分析价格变动方向的中轨线。这三条线都是能灵活变动的曲线，并且会随着股价的波动而扩张或收缩，这样才能一直将价格包含在通道内部。

由此可见，布林指标需要叠加在K线上使用，才能最大程度地发挥其作用。但很多炒股软件却将其设置为副图指标，单独显示在K线图的下方，显然不太符合投资者的需求，因此，投资者在使用之前需要进行调整。下面以通达信炒股软件为例来展示修改步骤。

①单击炒股界面上方的"公式"菜单项,在弹出的下拉菜单中选择"公式管理器"命令,图 5-11 为操作步骤,或者直接按【Ctrl+F】组合键也可以调出"公式管理器"。

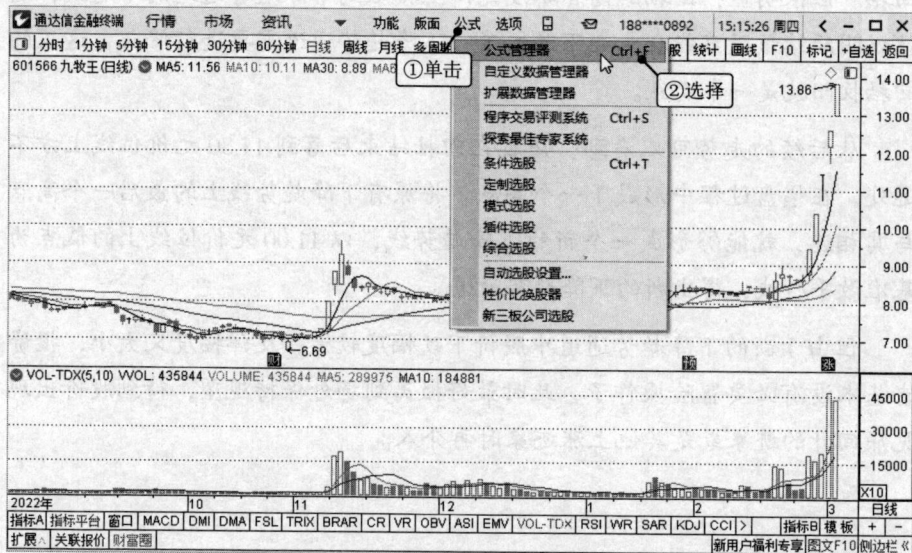

图 5-11 调出公式管理器

②在弹出的对话框中双击"路径型"命令,在弹出的下拉列表中选择"BOLL 布林线(系统)"命令,单击右侧的"修改"按钮,图 5-12 为操作步骤。

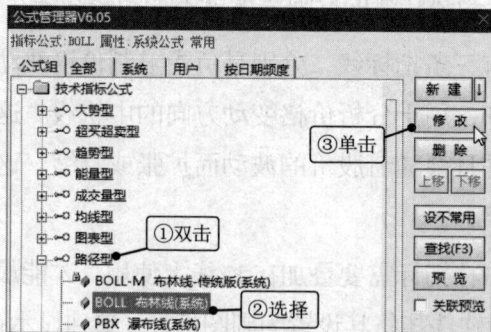

图 5-12 进入公式修改界面

③在弹出的"指标公式编辑器"对话框中，单击右上方"画线方法"右侧的下拉按钮，在弹出的下拉列表中选择"主图叠加"选项，最后单击右侧的"确定"按钮，图5-13为操作步骤。

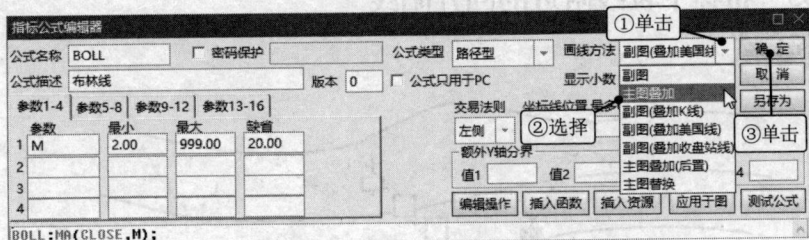

图 5-13　修改布林指标叠加方式

修改完成后，回到 K 线图中，将键盘调整为大写字母后直接输入"BOLL"，按【Enter】键就能快速调用布林指标，图 5-14 为布林指标示意图。

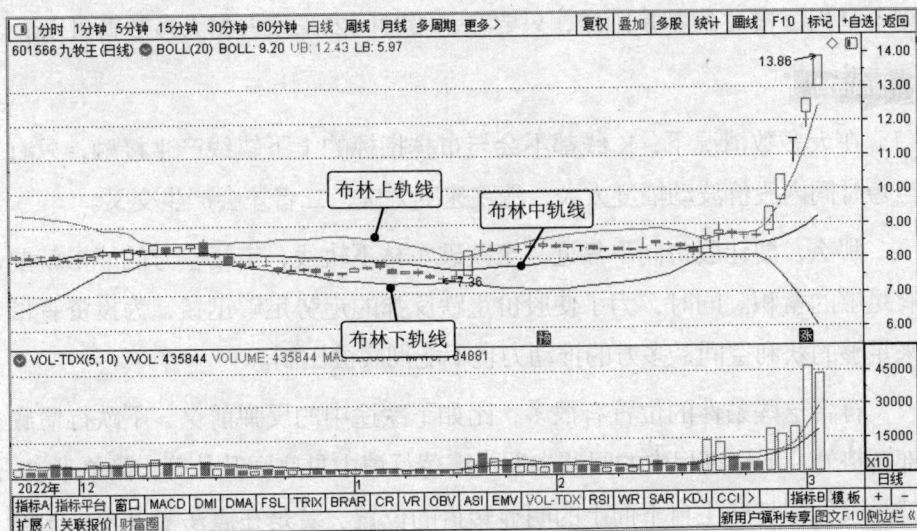

图 5-14　K 线图中的布林指标

从图 5-14 中就可以看出布林指标与趋势线的明显不同，它更像是为股价量身打造的弹性通道。K 线波动幅度变小时，通道收紧；K 线产生大幅变动时，通道放宽。只有当短时间内价格产生急剧变动时，才会突破到通道之外。

那么，阳线与布林指标的结合用法又有哪些不同呢？投资者将在本节的内容中找到答案。

No.05　布林下轨线附近的回升阳线

形态图解

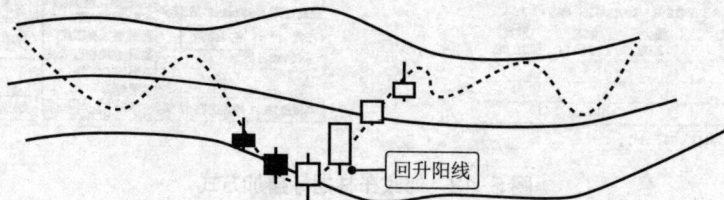

图 5-15　布林下轨线附近的回升阳线示意图

布林下轨线附近的回升阳线是指股价通过短时间大幅下跌，接近或是小幅跌破布林下轨线后，触底回升时形成的连续收阳形态。这里的连续收阳不是指每根 K 线都是阳线，只要在一段时间内阳线占据大多数就可以。

操盘法则

在大多数情况下，K 线都不会与布林指标的上下轨线产生接触，只有当短时间内股价波动幅度太大，涨跌速度太快，二者才会产生交叉。

那么，要让股价向下靠近甚至跌破布林下轨线，市场空方的能量就要有足够的蓄积。同时，为了使股价止跌反弹的走势足够迅猛，为投资者带来足够的获利空间，多方的推动力也不能彻底被压制。

符合这些条件的位置有很多，比如下跌途中的反弹前夕、下跌行情底部转势处、上涨过程中的回调末期及震荡行情中见底回升处等，简单来说，就是股价即将产生自下而上的明显转折的位置。若是在震荡幅度较小的单边趋势中，或是横盘波动期间，布林指标就很难与回升阳线很好地结合，也很难向投资者传递出买入信号。

重点提示

当股价回升时，布林中轨线是一条很重要的压力线。如果股价连布林中轨线都未能突破就拐头下跌了，只能说明市场助涨动能还不充足，或是下跌趋势仍无法改变，投资者应及时卖出。

实盘解读

新国都（300130）布林下轨线附近的回升阳线解析

图 5-16 为新国都 2021 年 5 月至 12 月的 K 线图。

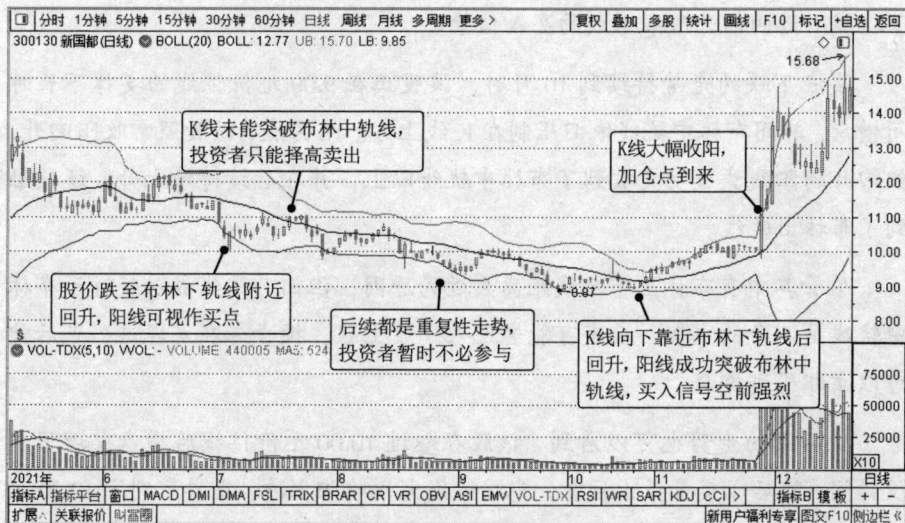

图 5-16　新国都 2021 年 5 月至 12 月的 K 线图

从图 5-16 中可以看到，在 2021 年下半年这么长的时间内，股价一直呈现出低迷下行的走势，但仔细观察可以发现，场内多方也不是一直没有动作，只是由于推涨动能不足，一直难以突破。

从 2021 年 5 月开始，该股从 13.00 元价位线附近滑落后，在震荡中来到了 11.00 元价位线附近，随后在此横盘震荡。7 月初，该股突然大幅收阴加速下跌，还小幅跌破了布林下轨线，不过随之而来的收阳回升传递出了比较积极的信号，股价可能即将反弹。

但随着股价向上靠近中轨线，阳线实体愈发缩短，还形成了较长的上影线，看似难以突破该压力线。事实也确实如此，该股在接触到布林中轨线后就持续横盘，最终还是于 7 月底再次下跌，回到了布林下轨线附近。显然，此次股价尝试突破失败了，下跌趋势还在继续，已经介入的投资者只能择高卖出，暂时不参与。

从后续的走势可以看到，该股一直在重复下跌靠近布林下轨线→回升→受到布林中轨线压制→再下跌→再回升的走势，下方量能也在呈波浪式起伏，但股价始终未能真正突破到布林中轨线以上。这样的走势反复多次后，投资者也能看出该股突破的困难程度，那么在此期间就最好不要参与，忽视布林下轨线附近的回升阳线形成的买入信号。

波浪下跌的走势持续到 10 月时，该股正在 9.00 元价位线的支撑下长时间横盘，其间布林中轨线依旧压制在 K 线上方。10 月底，该股照常收阳回升，但回升的阳线竟成功突破到了布林中轨线以上，并在后续持续上升，还接触到了布林上轨线。

尽管其中有布林上下轨线距离太近的原因，但回升阳线成功跃过了布林中轨线是不争的事实，后市可能会迎来一波上涨，投资者在发现这一点后就可以立即买进建仓。

从后续的走势也可以看到，该股在越过 10.00 元价位线后横盘整理了一段时间，随后成交量放出巨量，支撑 K 线大幅收阳上冲，直接来到了 12.00 元价位线附近。明显的拉升信号出现，投资者可迅速加仓或持股待涨。

No.06　布林上轨线附近的越界阳线

形态图解

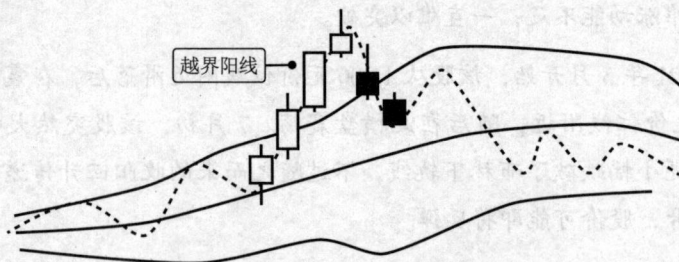

图 5-17　布林上轨线附近的越界阳线示意图

布林上轨线附近的越界阳线指的是当股价在短时间内受到刺激加快涨

速，连续收阳突破到布林上轨线以外的形态，其中最好不要夹杂阴线，但可以包含一字涨停、十字线和倒 T 字线等走势积极的 K 线。

操盘法则

K 线之所以会越界，自然是因短时间内涨速过快，布林通道一时没能跟上 K 线变化速度造成的，最常见的情况就是连续涨停式拉升。

不过，这种比较极端的上涨无法维持太长时间，再加上布林通道也在随之扩张，阳线就不能在布林上轨线之外停留太久，可能短短数个交易日后就会见顶，随后拐头进入同样急速的下跌之中。

因此，这种越界阳线既是追涨的积极信号，也是见顶的警示信号。投资者若能赶上刚刚跃过布林上轨线的阳线买点，就有机会在短时间内大幅盈利；但如果是在阳线越界一段时间后才发现该形态，或者因为前期连续涨停没抓住建仓机会导致价格过高，那么投资者最好就不要继续追涨了，毕竟在高位追涨的获利空间不大，还容易被套场内，因小失大。

重点提示

这里的越界指的是阳线整体或大部分实体突破到布林上轨线之外，并且连续在其上方运行，并非仅仅与上轨线产生接触。但当阳线与上轨线产生了接触，并且后续也有继续向上突破的迹象时，那么还未彻底突破出去的阳线也可以成为一个买点。

实盘解读

国科微（300672）布林上轨线附近的越界阳线解析

图 5-18 为国科微 2021 年 3 月至 8 月的 K 线图。

从图 5-18 中可以看到，国科微正处于股价上涨走势中。2021 年 3 月至 4 月中旬，该股还在 40.00 元价位线附近窄幅横盘运行，布林通道紧紧收拢，将价格限制在其中。

到了 4 月中下旬，K 线开始逐步收阳上升，很快便与尚且收紧的布林上轨线产生接触，并且在成交量的支撑下突破到其上方，形成了越界阳线的形态，布林通道也开始扩张。这就意味着股价可能即将开启一波快速的拉升，投资者在发现越界阳线后就可以趁早建仓，持股待涨。

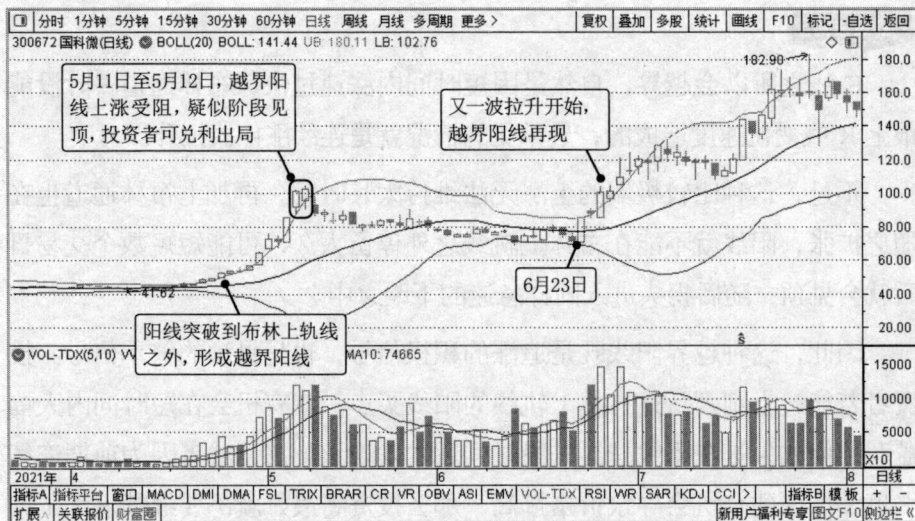

图 5-18　国科微 2021 年 3 月至 8 月的 K 线图

从后续的走势可以看到，该股在收阳越过布林上轨线后持续上升，并且涨速越来越快。但由于布林通道的扩张速度也不肯多让，阳线始终没能彻底脱离上轨线的束缚，一直与其保持着一定的接触。不过这样的走势也有其优势，至少股价没有连续涨停封板，投资者的建仓和追涨机会很多。

5 月 11 日，该股在收出一根涨幅达到 18.85% 的大阳线后来到了 100.00 元价位线附近。次日 K 线也继续收阳，但阳线低开，盘中有开盘后下跌，触底回升后受压回落的反复转折走势，上涨幅度也仅有 1.48%，这意味着此次上涨可能已经到达终点，100.00 元价位线就是一条压力线。那么，此时投资者就不要惜售，及时卖出兑利，将收益落袋为安。

该股在 5 月 12 日小幅上涨收阳后就形成了持续性的下跌，不过跌速还比较缓慢，80.00 元价位线提供了一定的支撑，股价在进入 6 月后不久就止跌横盘，运行于该支撑线下方不远处。这说明此次上涨还未到达尽头，这一次的下跌仅仅是回调整理，后市还有继续拉升的可能，投资者可持币观望。

6 月 23 日，K 线收出一根大阳线后成功跃到布林中轨线之上，随后继续上升，数日后就突破到了布林上轨线之外，再次形成了越界阳线，代表又一次拉升的开始，发出追涨信号。

此次股价上升的速度与前期相当，但阳线的实体却在逐步缩小，说明这一波拉升的整体上涨幅度可能不大。后续的走势也证明了这一点，该股在120.00元价位线附近受阻后出现横盘，K线收阳也未能突破该压力线，意味着此次拉升可能见顶，投资者应及时抛售，结算收益。

三、均线与阳线的组合研判

均线全称移动平均线，是投资者最常使用的技术指标之一，它的应用在前面一些案例中已经有过简单介绍，比如对K线的压制作用和支撑作用，以及均线转向对趋势变化的预示意义等。

实际上，均线就是最近一段时间内市场平均交易价格的线性表现形式。比如5日均线，就是以最近5个交易日收盘价的平均价格为绘制基点，伴随着新数据的出现，平均价格也不断形成新的点，将这些点相连，就能得到一条跟随股价的变动而更新的曲线，这也是"移动平均"概念的由来。

根据时间周期的不同，均线的变动幅度也不同，这一点从其设计原理就能分析出来。短期均线由于计算基期短，整条曲线受新数据影响较大，那么短期均线的敏感度和波动速度都会更强，与股价之间的走势也会更贴近；而长期均线由于计算基期较长，一两个交易日产生的新数据很难让整条均线产生大的变化，那么长期均线就会更加稳定，不会轻易受股价的短期波动影响。

由此可见，不同时间周期的均线各有所长、各有所短，单独使用一条均线对趋势的分析来说会显得比较单薄。因此，大多数时候投资者使用的都是均线组合，也就是短期均线和中长期均线结合应用。最为常用的均线组合由5日均线、10日均线、30日均线（或20日均线）及60日均线构成，本节也将使用这一组合，将均线与阳线结合在一起进行形态解析。

No.07　蛟龙出海

形态图解

蛟龙出海阳线

图 5-19　蛟龙出海阳线示意图

蛟龙出海是单根阳线与均线组合的结合形态，它形成于横盘整理与快速拉升的转折位置，由一根实体较长的大阳线自下而上穿越整个均线组合，似一条蛟龙腾飞出平静的海面。

操盘法则

在蛟龙出海形成之前，股价需要经历一段时间的横盘整理或是窄幅震荡，使得均线组合逐渐收拢聚合在一起。待到整理阶段运行到后期，K线大幅收阳急剧上涨，才有机会以一根阳线向上穿越所有的均线。

很显然，蛟龙出海标志着拉升的开启，突破当日的阳线实体越长，涨幅越大，对后市的积极预示意义就越强，尤其是当阳线仅以实体就能穿越均线组合时，这种看涨信号将更加可靠。

一般来说，蛟龙出海形成之后股价就会进入拉升之中，但也不排除小幅回调整理的情况。如果是在上涨初期或是上涨途中，那么只要回调不破前期低点就无伤大雅，投资者甚至可以不予理会；但如果在下跌过程中的反弹前夕出现这种情况，就算蛟龙出海预示着反弹幅度较大，投资者也要谨记止盈止损原则，避免形态出现后不久股价就回到下跌趋势之中，导致惜售的筹码被套。

重点提示

注意，只有当阳线突破均线组合后继续上升，带动均线组合向上发散的情况下，该阳线才能被称作蛟龙出海。如果阳线在穿越均线组合后持续震荡，反复与均线形成交叉，整体也没有形成明显的上涨趋势，那么这只能算作波动幅度较大的震荡走势，而不是拉升的开始。因此，投资者可以不急于在蛟龙出海当日买进，待到股价上涨趋势明朗后再买进也不迟。

实盘解读

埃斯顿（002747）蛟龙出海解析

图 5-20 为埃斯顿 2020 年 4 月至 9 月的 K 线图。

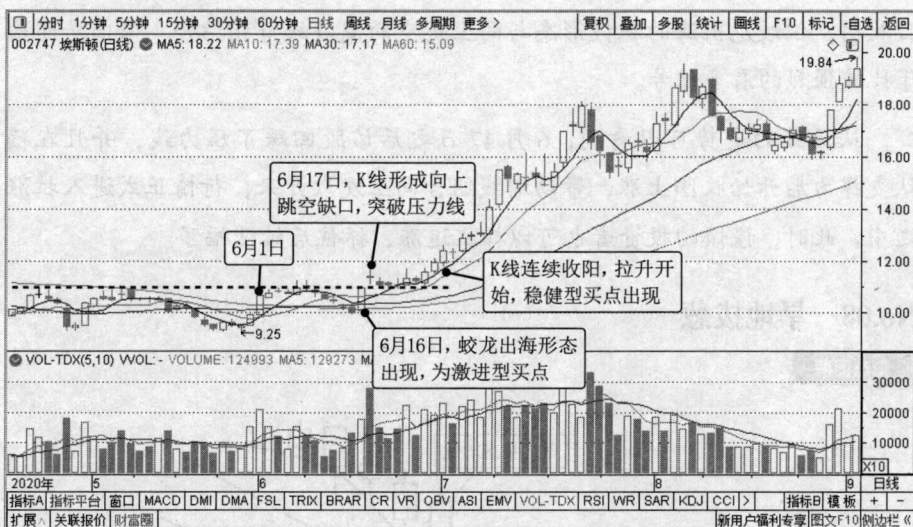

图 5-20　埃斯顿 2020 年 4 月至 9 月的 K 线图

2020 年 4 月至 6 月中旬，埃斯顿的股价几乎一直维持在 10.00 元价位线附近震荡运行，K 线阴阳交错，导致均线组合走平并聚合到一起，二者反复产生交叉。

6 月 1 日，K 线收出了一根涨幅达到 7.44% 的大阳线，跃到了均线组合之上，不过该阳线只穿越了 30 日均线和 60 日均线，没能覆盖到 5 日均线和 10 日均线，因此不能算作蛟龙出海。后续该股也没能继续收阳突破盘整区间上边线，说明拉升时机还未到来。

虽然此次小幅回升没有实现突破，但该股的低点出现了一定程度的上移，落在了 10.00 元价位线上。

在回调见底的次日，也就是6月16日，股价高开后横盘了一段时间，之后持续高走，最终来到了涨停板上，封板直至收盘，当日收出了一根涨停光头大阳线。该阳线自下而上完全贯穿了整个均线组合，初步符合蛟龙出海的技术形态，但后市还不能确定是否会进入拉升，因此，此处可以视作一个激进型买点。

6月17日，该股大幅高开后反复震荡后小幅下滑，收出了一根向上跳空的十字阴线，完全跃到了均线组合之上，并且也跃过了前期高点。尽管当日收阴，但蛟龙出海的积极形态与向上跳空的突破缺口相结合，依旧传递出了比较强烈的看多信号。

从后续的走势可以看到，6月17日之后该股回踩了压力线，并且在确认支撑力后开始收阳上涨，带动均线组合向上发散开来，行情正式进入拉涨之中。此时，谨慎的投资者也可以择机追涨，抓住后续涨幅了。

No.08　旱地拔葱

形态图解

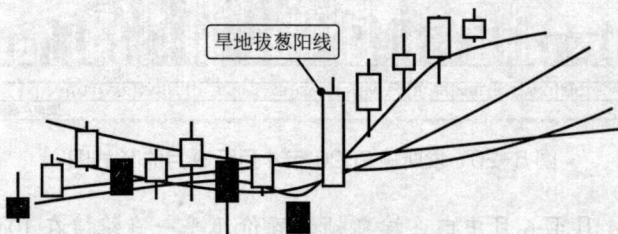

图5-21　旱地拔葱示意图

旱地拔葱与蛟龙出海类似，也是由一根实体较大的阳线向上突破到均线组合以上形成的。但旱地拔葱的阳线需要跳空高开，形成一个价格缺口，当日量能也要配合放大，不过，阳线收盘价只要跃到均线组合以上即可，不必穿越整个均线组合。

旱地拔葱形态对前期量能也有要求，在此前的震荡过程中，成交量要呈现出逐步缩减的状态，就好像逐渐干涸的旱地。在旱地里拔地而起的大阳线，就如同一棵生机勃勃的葱苗。

操盘法则

　　旱地拔葱的形成位置和预示意义与蛟龙出海并无太大差别，只是在技术形态上有所不同，旱地拔葱前期的走势可能更为低迷，主要为了突出"旱地"的概念。

　　股价震荡期间的量能虽然需要呈逐步缩减状态，但震荡走势接近尾声时，量能可能会有一定程度的上升，代表多方正在蓄积力量。不过量能上升幅度也不能太大，否则旱地拔葱当日就无法形成巨量，形态的参考价值也会降低。

　　正是由于旱地拔葱的一系列前置条件，形态在形成后就直接带有强烈的买入信号，投资者可以在当日就买进，只是需要注意仓位控制。待到价格回调完成，回调的低点还可以作为加仓点。

重点提示

　　◆　如果旱地拔葱当日的阳线能够同时突破横盘区间上边线，形成一个突破缺口，那么形态的看涨信号会更加可靠和强烈。

　　◆　旱地拔葱没有要求穿越整个均线组合，但能够达到穿越的效果自然更好，投资者买进也将更有底气。

实盘解读

凯莱英（002821）旱地拔葱解析

　　图 5-22 为凯莱英 2020 年 6 月至 10 月的 K 线图。

　　在凯莱英的这段走势中，股价的震荡和拉升之间的转换十分快速，转折点就是旱地拔葱的位置，下面来进行详细解析。

　　从均线的状态可以看出，在 2020 年 6 月及以前，该股还处于上升之中，均线组合整体运行于 K 线下方起支撑作用。直到 7 月初该股在 240.00 元价位线附近受阻后，才逐步进入震荡整理走势之中。

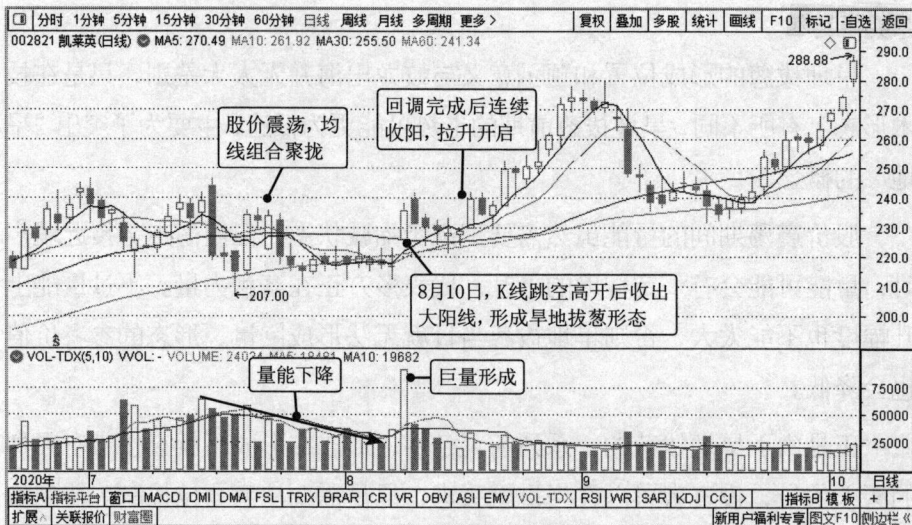

图 5-22 凯莱英 2020 年 6 月至 10 月的 K 线图

继续来看后面的走势。7 月中旬，该股在多次尝试上攻失败后加大了下跌幅度，低点还跌落到了 210.00 元价位线以下，不过后续小幅回升，来到 220.00 元价位线附近横向整理。在此期间，成交量也呈现出了逐步缩减状态，均线组合跟随横盘的股价逐步合拢，聚集在相近的位置。

8 月 10 日，该股大幅高开，开盘后震荡了一段时间，最终于下午时段持续上扬，接触到涨停板后封板了几分钟，不过很快就开板回落，当日收出一根涨幅达到 8.66% 的大阳线。

根据前日最高价 223.32 元与当日最低价 226.00 元的对比可知，该阳线与前一根 K 线之间形成了一个跳空缺口，并且收盘价大大高出均线组合，当日量能也创出了近期峰值。

再加上前期量能缩减和股价横盘震荡的一系列表现，8 月 10 日这天的旱地拔葱形态基本能够确定，此时投资者就可以抓住机会迅速买进。

从后续的走势可以看到，虽然该股在旱地拔葱形成后就出现了冲高回落的回调整理，但回调低点踩在均线组合上受到支撑，随后很快就继续收阳上涨。此时的拉升走势已经比较明朗，谨慎的投资者也可以建仓了。

No.09　鱼跃龙门

形态图解

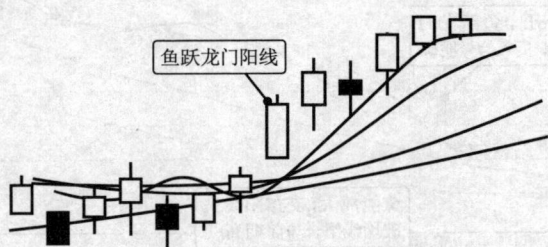

图 5-23　鱼跃龙门示意图

鱼跃龙门也是一个从整理平台起飞的形态，前期走势与蛟龙出海类似，但阳线需要向上跳空形成缺口，突破前期高点的同时，最低价要高于均线组合，相较于从海中升起的蛟龙，它更像是一条彻底跃出水面的鲤鱼。

操盘法则

鱼跃龙门与前面介绍的蛟龙出海及旱地拔葱一样，都是拉升开始的标志。而且鱼跃龙门能够直接借助突破缺口跃过前期高点，就已经证明了上涨走势即将来临，投资者直接在当日买进也是可以的。

重点提示

注意，在鱼跃龙门形成之前，量能也可能呈现出逐步放大的走势，支撑股价小幅向上攀升靠近压力线。鱼跃龙门的当日，量能需要有比较明显的放大支撑，才能确认信号。

实盘解读

泸州老窖（000568）鱼跃龙门解析

图 5-24 为泸州老窖 2019 年 2 月至 5 月的 K 线图。

从泸州老窖这段时间内的长期均线走势可以看出，该股正处于稳定的上涨趋势之中，其间形成过多次横盘整理和小幅回调整理，但都没有影响其上涨趋势，那么鱼跃龙门在其中的作用，就是告知投资者应该在何时买进。

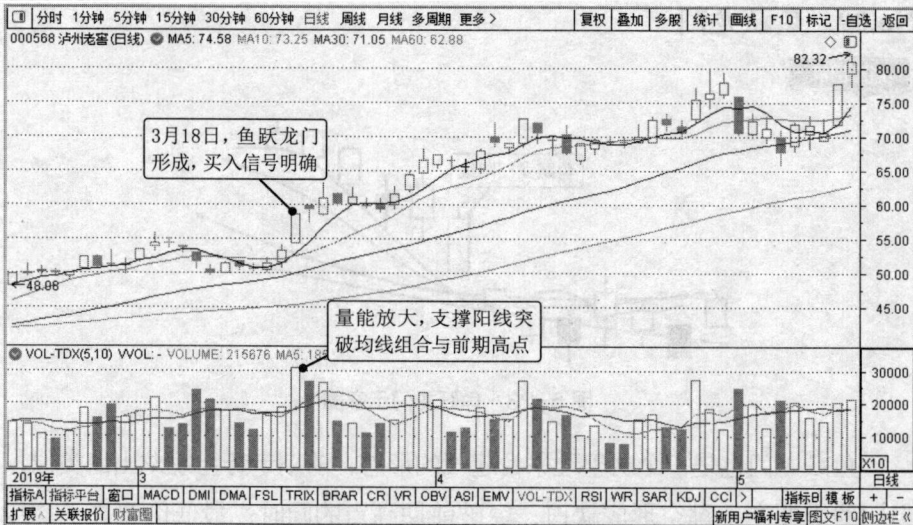

图 5-24　泸州老窖 2019 年 2 月至 5 月的 K 线图

2019 年 2 月，股价还在均线组合的支撑下稳步向上攀升。直到 3 月初，该股接触到 55.00 元价位线后受到压制，突破失败后拐头进入回调整理之中，低点落到了 50.00 元价位线附近。

在该支撑线上横盘一段时间后，股价在成交量的支撑下缓慢收阳了两个交易日，向上靠近 55.00 元价位线。3 月 18 日，股价以 54.40 元的高价开盘，开盘后持续高走，于下午时段达到了涨停，最终以封板收盘，当日收出一根光头光脚涨停大阳线。

从 K 线图中可以很清晰地看到，股价借助这根大阳线成功突破到了 55.00 元价位线及整个均线组合以上，并且前一根阳线的最高价只有 54.28 元，二者之间形成了一个突破缺口。

显然，这一切都非常符合鱼跃龙门的技术形态要求，此处的买入信号就非常强烈了，投资者可择机建仓。

从后续的走势也可以看到，该股在鱼跃龙门形成之后就进入了又一波上涨之中。尽管涨速并不快，但由于均线的支撑力充足，K 线大部分时间还是在收阳上升的，投资者可以在适当的位置加仓，以扩大收益。

No.10 均线支撑收阳

形态图解

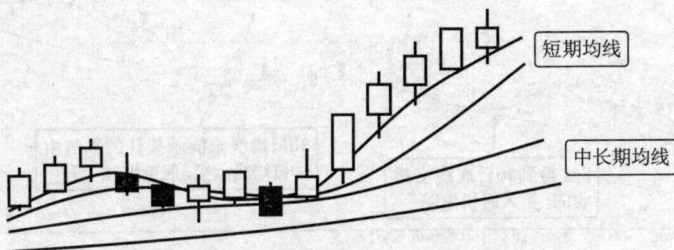

图 5-25 均线支撑收阳示意图

均线支撑收阳形态中负责支撑的主要是中长期均线，短期均线将与 K 线一同波动，同步下跌到中长期均线附近时得到支撑，随后 K 线连续收阳，带动短期均线向上远离中长期均线，使得均线组合向上发散。

操盘法则

由于均线组合对股价的支撑作用和压制作用属于其基本特性，因此，这种受到中长期均线支撑收阳上涨的走势在行情的各处都能找到。只是根据出现位置的不同，形态出现后可能存在的上涨空间差异较大，对于投资者来说，参与价值就会有所不同。

比如在上涨过程中形成的中长期均线支撑收阳形态，其间的下跌就大概率是在进行浮筹的交换和整理，回调幅度不会太大，股价回升的时机取决于 K 线何时与中长期均线接触。这种情况下后市的上涨空间较大，投资者买进的成功率会高许多。

如果在震荡行情中形成中长期均线支撑收阳形态，那就无法确定股价能将这波上涨走势维持多久了，毕竟震荡行情中的趋势性较弱，价格变动频繁，投资者在其中的操作难度会相应增大不少。

实盘解读

天合光能（688599）均线支撑收阳解析

图 5-26 为天合光能 2021 年 7 月至 11 月的 K 线图。

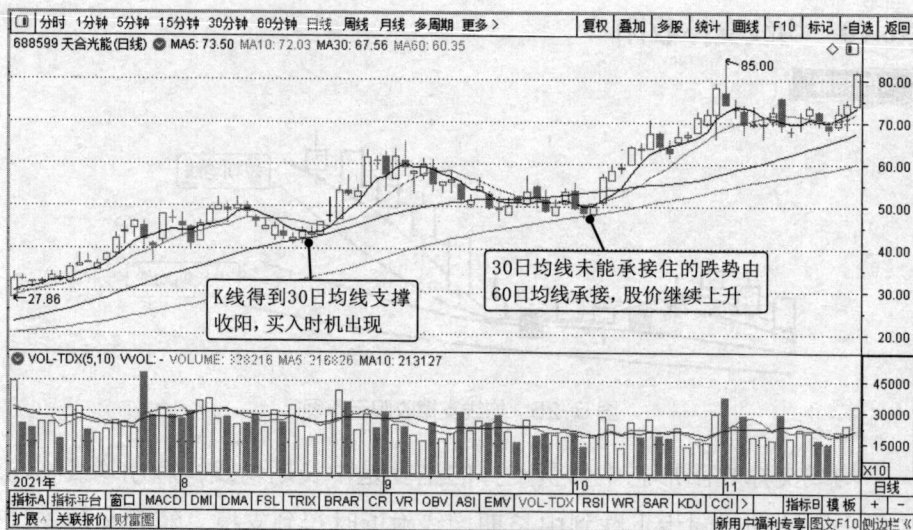

图5-26 天合光能2021年7月至11月的K线图

从图5-26中可以看到，天合光能的股价上涨趋势非常明显，中长期均线支撑收阳形态在其中就能发挥出很好的效果，帮助投资者判断回调结束的位置和股价再度上升的位置，进而找到合适的买点。

2021年7月股价正处于稳定上涨阶段，四条均线都承托在其下方，并且没有产生任何交叉。8月初，股价在接触到50.00元价位线后滞涨，在其附近横盘数日后回调下跌。

此时来观察30日均线和60日均线可以发现，在股价滞涨期间，两条中长期均线还在上升，二者互相靠近，最终在股价主动的回调中，30日均线与K线产生了接触，初步的买入信号形成。在接触后数日内，K线就止跌并收阳回升了，刚开始的涨速并不快，但在K线收出一根十字线向上脱离30日均线后，该股就明显加快了涨速，上涨信号更加明确。

这一波上涨一直持续到60.00元价位线附近才止涨回落，股价再次向下靠近中长期均线。从其跌速可以看出，此次该股的回调幅度可能较大，30日均线不一定能承接住。后续的走势也证实了这一点，股价跌至30日均线附近后并未回升，而是维持在50.00元价位线附近横盘震荡，尽管止住了跌势，但上涨趋势不明显，这证明回调整理还未结束。

直到 10 月中旬，横向运行的股价与持续上行的 60 日均线相遇，K 线终于在 60 日均线的支撑下开始大幅收阳上涨，一个明确的介入点出现了。从后续的走势可以看到，该股成功收阳突破横盘区间上边线乃至前期高点，运行到了更高的位置，为投资者带来了丰厚的收益。

No.11　均线压制反弹

形态图解

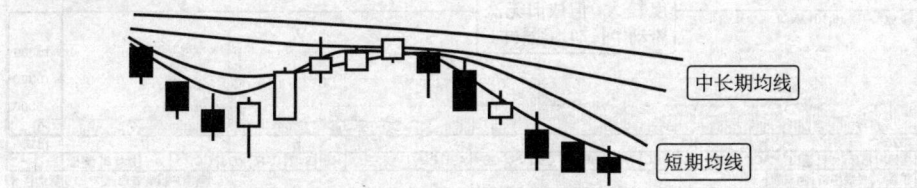

图 5-27　均线压制反弹示意图

均线压制反弹指的是股价在持续下跌的过程中已经带动均线组合拐头向下，并覆盖在 K 线之上形成压制，其间 K 线收阳形成的反弹往往会在中长期均线附近止涨回落。

操盘法则

均线对股价的压制是持续性的，只要股价短时间内没有得到足够的支撑彻底突破到中长期均线之上，那么 K 线收阳反弹的高度就会受到一定的限制。抢反弹的投资者和寻找机会解套离场的投资者，最好看准时机迅速卖出，不可长时间停留在场内，防止被套得更深。

实盘解读

姚记科技（002605）均线压制反弹解析

图 5-28 为姚记科技 2020 年 9 月至 2021 年 7 月的 K 线图。

从姚记科技这段时间的股价走势来看，下跌趋势延续的时间相当长，均线组合早在 2020 年 9 月之前就拐头向下，随后覆盖在 K 线之上形成压制。

在后续较长时间的走势中，股价出现了三次比较明显的反弹，下面来逐一进行分析。

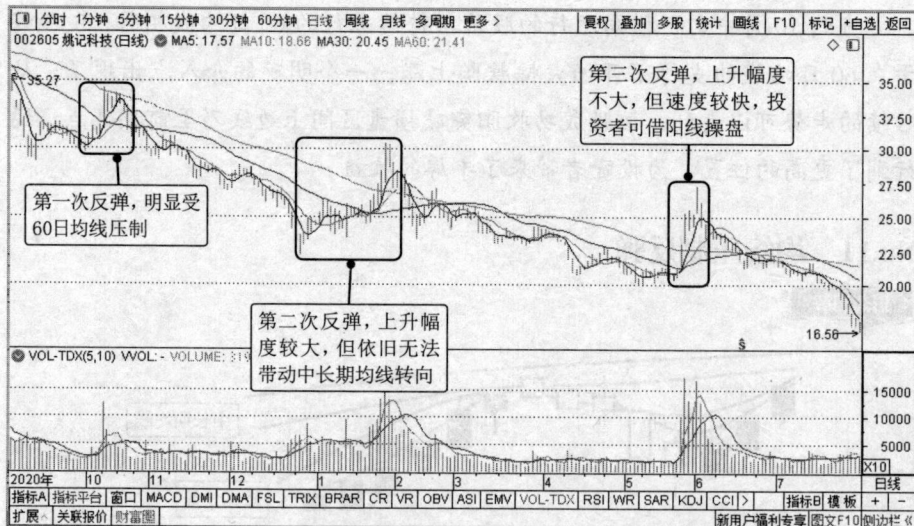

图 5-28　姚记科技 2020 年 9 月至 2021 年 7 月的 K 线图

　　第一次是在 2020 年 10 月，该股从 30.00 元价位线开始上升，但在接触到 60 日均线后就滞涨并回落。第二次是在 2020 年 12 月中下旬至 2021 年 1 月，此次反弹高度较高，甚至突破到了 60 日均线以上，但在接触到 30.00 元价位线后就滞涨下跌了。第三次是在 2021 年 5 月底到 6 月初，该股从 20.00 元价位线附近反弹至 27.50 元价位线附近，幅度不算大，但涨速较快。

　　从这三次 K 线收阳反弹的走势中可以看出，该股一直都没能得到足够支撑摆脱下跌的境遇，60 日均线的压制力十分强大。那么，投资者在此期间要么不参与，要么利用反弹阳线快进快出短线操盘，才有机会实现获利。

　　投资者一定要注意，即便是在上涨行情之中，在不同的位置利用 K 线阳线进行买卖时也存在着很大风险。因为股票的波动不仅会受市场涨跌规律影响，主力、基本面的消息刺激，上市公司自身的股权结构变动，甚至经济周期的轮转、宏观调控等因素，也都会对股价产生或深或浅的影响。

　　因此，本书所介绍的所有技术分析知识都只是理论，并未考虑其他因素的影响，投资者切勿将其当作操盘标准或者唯一的参考。